MW00975817

Genaro Moreno Aguilar

CHISTES

perrones

SELECTOR
actualidad editorial

Doctor Erazo 120
Colonia Doctores   Tel. 55 88 72 72
México 06720, D.F.   Fax. 57 61 57 16

CHISTES PERRONES

Ilustración de interiores: Víctor Manuel Sulser López
Diseño de portada: Mónica Jácome

ISBN: 970-643-541-7

Primera reimpresión. Junio de 2003

Ría

La risa genera en nuestro cuerpo poderosas sustancias que liberan la tensión (endorfinas). Les muestra a los demás que somos personas agradables y accesibles. La risa es una excelente medicina.

- Ríase de usted mismo. Esto lo volverá más agradable.

- Evite reírse de los errores de los demás.

- Libere la tensión con la risa y relájese.

- Reduzca las barreras de la comunicación con la risa.

- Establezca relaciones con comentarios humorísticos.

Dedicatoria

Dedico este libro con todo mi amor a mi esposa Marijose y a mis hijos Genaro y Juan Carlos porque son mi inspiración y motivación diaria.

A mis padres, Genaro y Margarita, por su maravilloso sentido del humor, por su amor e incondicional apoyo.

A todos mis amigos que de alguna forma contribuyeron con sus aportaciones para la realización de este libro.

Y no podía faltar darle las gracias a Dios Todo Poderoso ya que sin él, nada podría existir.

¡Muchas Gracias!

Genaro

De rusos y africanos

Después de tres meses de una visita oficial a África, el presidente ruso pasa una semana en una pequeña ciudad de ese continente. El último día, su homólogo le dice:

—Espero que haya disfrutado de su estancia en nuestro país, pero antes de irse es costumbre que nuestro huésped de honor practique nuestro juego nacional.

—¿Y cuál es ese juego? —preguntó el mandatario ruso.

—La ruleta africana —replicó su homólogo.

—¿La ruleta africana?, no la conozco, ¿cómo se juega?

Ambos son llevados a un cuarto donde hay seis bellísimas mujeres, totalmente desnudas. El mandatario africano le dice al ruso:

—La que usted elija le hará sexo oral.

—¡Genial, magnífico!, ¿dónde está el riesgo? —preguntó el presidente ruso.

El africano le responde:

—Una de ellas es caníbal.

El diablo

Muere Carlos Salinas de Gortari y Dios y el diablo se están peleando porque ninguno de los dos lo quiere tener con él. En vista de que ninguno cede, recurren a mediadores y éstos deciden que Salinas alterne su estancia: un mes en cada lugar.

Echan un volado y pierde Dios, así que el primer mes Salinas va al cielo y Dios se vuelve loco. El exmandatario de México le da vuelta a todo: privatiza los elementos de la oración y la liturgia, disuelve el sistema de asesoría personal de los ángeles, subasta las nubes, regala un kilómetro cuadrado de cielo al infierno. Nombra arcángeles provisionales de 18 años de edad. Quiere globalizar los sacramentos, interviene las comunicaciones a los santos; cambia el régimen de obtención de indulgencias plenarias e individuales, cambia las cerraduras de las puertas de San Pedro, envía un proyecto de ley a los apóstoles para reformar los diez mandamientos y darle amnistía a Lucifer; hace de todo, la gente lo odia… Dios no ve la hora de que se cumpla el mes y que Salinas se vaya al infierno.

Cuando Salinas va al infierno Dios se siente aliviado, pero al acercarse el día 30 empieza a preocuparse. No obstante, llega la fecha y nada, no se aparece Salinas; pasan dos días y nada; tres, cinco, 20 y nada. Dios se preocupa porque piensa que si Salinas no regresó en un mes, a él le tocará tenerlo 60 días seguidos, así que decide comunicarse al infierno y le contesta un empleado:

—¿Bueno, sí, diga?

—¡Por favor con el demonio! —responde Dios.

El empleado contesta:

—¿Con cuál de los dos: el rojo con cuernos o el pelón hijo de su…?

☺ Discurso

Un candidato en campaña a la presidencia de México llega a un pueblo sumamente pobre y pronuncia su discurso:

—Y prometo, de resultar electo, dar juguetes a todos los chiquillos y chiquillas de este pueblo…

En ese momento se acerca su asesor y le dice al oído que cómo se atreve a prometer juguetes, si esos niños a veces no comen. El candidato recapacita y dice:

—Si no comen, entonces no hay juguetes.

☺ La historia de Noé si hubiera sido mexicano

En aquel tiempo el Señor le habló a Noé y le dijo:

—Dentro de seis meses haré llover 40 días y 40 noches hasta que toda la Tierra sea cubierta por agua y todos los pecadores sean exterminados. Pero quiero salvar a los buenos y a dos criaturas de cada especie, así que ponte a construir un arca, ya que en seis meses empezará a llover. Recuerda: seis meses —y desapareció entre rayos y centellas.

Noé sólo alcanzó a decir:

—Okey, okey, Señor.

Pasados los seis meses, el cielo se nubló de golpe y el diluvio comenzó. Entre negros nubarrones el Señor se asomó y vio a Noé llorando en el patio de su casa y sin ningún arca. Noé le imploró:

—Perdóname Señor; hice lo que pude, pero me topé con grandes problemas: primero tuve que buscar un permiso de construcción y pagar los altísimos impuestos para poder ordenar los planos. Después, me exigieron que el arca tuviera matrícula, un permiso de la Secretaría de Comunicaciones y Transportes y otro del Sistema de Seguridad contra Incendios, cosa que sólo pude obtener sobornando a un funcionario.

"En tanto los vecinos se quejaron porque estaba construyendo el arca en una zona residencial, y en eso perdí varios meses en vueltas inútiles a la delegación. Pero el principal problema fue conseguir la madera, pues la Semarnap no quiso entender que se trataba de una emergencia y cuando le dije que eran órdenes tuyas para salvar a la especie humana y a los animales, me dijeron que estaba loco. Entonces aparecieron los sindicatos que, apoyados por la Secretaría del Trabajo, me exigieron darles empleo a los carpinteros agremiados. Mientras tanto comencé a buscar las parejas de animales de cada especie y me topé con

Profepa, que me obligó a llenar muchísimos formularios y a pagar otros tantos impuestos.

"Por su parte Obras Públicas me pidió un plano de la zona que iba a ser inundada y le llevé un globo terráqueo; casi me matan. Por último, la PGR me hizo un allanamiento de morada, dizque buscaban drogas y me destruyeron lo que había avanzado en la construcción del arca…"

Repentinamente el cielo empezó a despejarse: salió el sol y un arcoiris iluminó el firmamento. Noé preguntó absorto al Señor:

—¿Quiere decir, Señor, que ya no vas a destruir la Tierra?

Respondió una voz entre las nubes:

—No, ya el gobierno se está encargando de eso.

☺ La ONU

La ONU hizo la encuesta más grande de su historia; la pregunta fue: "Por favor diga honestamente: ¿qué opina de la escasez de alimentos en el resto del mundo?" Los resultados no pudieron ser más desastrosos:

* Los europeos no entendieron el término "escasez"
* Los africanos no sabían lo que era "alimentos"
* Los argentinos no entendieron lo que significaba "por favor"

* Los gringos preguntaban que qué era "el resto del mundo"

* Los cubanos pedían extrañados que se les explicara qué era "opinar"

* Y en el Congreso mexicano todavía hay un fuerte debate sobre lo que es "honestamente".

😀 Alta tecnología

En el baño sauna de la Casa Blanca están Bush, Blair y Fox desnudos discutiendo la estrategia a seguir para controlar el terrorismo. De repente se escucha un bip; Bush se toca el antebrazo y el sonido cesa. Sus colegas se quedan de a seis y Bush les comenta:

—Es mi bíper; tengo un microchip bajo la piel de mi antebrazo.

Minutos más tarde suena un teléfono y Blair acerca a su oído la palma de su mano. Cuando termina de hablar, les explica:

—Es mi teléfono móvil; tengo un microchip en la palma de mi mano.

Fox se saca de onda y se siente fuera de lugar y limitado de tecnología, así que pide disculpas y sale del sauna. A los pocos minutos regresa con un pedazo de papel higiénico en el trasero; Bush y Blair se quedan perplejos, sin habla, y Fox les explica:

—Es que estoy recibiendo un fax.

☺ Después de 20 años

Durante 20 años los miembros de una pareja, cada vez que hacían el amor, apagaban por completo las luces. Pero un día la mujer se sintió estúpida y en pleno acto enciende las luces y ve a su marido con un consolador en la mano. Enfurecida, le grita:

—¡Impotente! ¿Cómo pudiste engañarme durante 20 años? Te exijo una explicación.

El marido la mira fijamente a los ojos y dice:

—Okey, okey, yo te explico lo del consolador y tú me explicas de dónde salieron nuestros tres hijos.

😀 Del hipódromo

Una mañana estaba el marido leyendo muy campante su periódico mientras tomaba su desayuno. De pronto, sin darse cuenta, su esposa se desliza silenciosamente tras él y le suelta un sartenazo en la cabeza. El esposo se recupera y atontado pregunta:

—¿Qué te pasa, mujer?

La señora le responde:

—A ver, condenado, ¿qué es este pedazo de papel con el nombre de Marilú que estaba en la bolsa de tus pantalones?

El marido le contesta:

—Pero, mi amor, ¿no te acuerdas que la semana pasada fui al hipódromo? Marilú es el nombre del caballo al que le aposté. La señora se queda tranquila y sigue haciendo sus labores domésticas. Pasada una semana, el señor está viendo la tele y tomando su copita cuando, de repente, recibe otro sartenazo en la cabeza, esta vez más despiadado. Tumbado en el suelo, el hombre pregunta:

—Mujer, ¿y ahora qué?

La señora, encabritada, le responde:

—Te acaba de llamar tu caballo.

☺ Señor, ¿puedo tutearlo?

El gerente de un importante banco está preocupado por su joven asistente estrella, quien, después de trabajar a la par con él durante varios meses, empieza a ausentarse todos los días a media mañana. Así pues, decide contratar a un detective privado para que lo saque de dudas.

Al contratarlo le dice:

—Siga usted a mi ejecutivo durante todo un día, no vaya a ser que ande en algo turbio.

El detective cumple su cometido y le informa:

—López sale normalmente a media mañana, toma su auto, va a su casa a comer, luego le hace el amor a su mujer, se fuma uno de sus excelentes puros y regresa a trabajar.

—¡Ah, menos mal! No hay nada de malo en todo eso.

El detective le pregunta:

—¿Puedo tutearlo, señor?

El gerente se sorprende y le contesta:

¡Por supuesto!

El detective le repite:

—López sale normalmente a media mañana, toma tu auto, va a tu casa a comer, luego le hace el amor a tu mujer, se fuma uno de tus excelentes puros y regresa a trabajar.

☺ ¿De la familia?

Un matrimonio paseaba en su carro por la Cordillera Andina sin decirse nada debido al pleito que acababan de tener. Nada indicaba que hubiera una pronta reconciliación.

Mientras pasaban por un rancho donde había varios marranos y algunas mulas, la esposa le preguntó en tono sarcástico al marido:

—¿Familiares tuyos?

—Sí, mis suegros —respondió el marido.

☺ El Genio

Una pareja de golfistas están jugando una tarde en un exclusivo campo rodeado de lujosísimas mansiones de miles de dólares.

En el hoyo 3, el marido le dice a la esposa:

—Querida, ten cuidado cuando golpees, porque si rompes una ventana nos va a costar una fortuna reponerla.

La esposa golpea y la pelota va a dar al ventanal más grande de la casa más lujosa del conjunto residencial.

El marido se acerca diciéndole:

—¿Te das cuenta? Lo primero que te dije y ahora cuánto nos va a costar esa ventana.

El esposo se dirige a la casa, toca la puerta y una voz desde adentro le dice:

—¡Adelante!

El hombre abre la puerta y ve que hay pedazos de vidrio tirados por toda la casa y una botella rota a un lado de la sala.

Un hombre, elegantemente vestido y sentado en un sofá, les dice:

—¿Son ustedes los que han roto mi ventana?

—Síííí, de verdad lo sentimos mucho.

—Bueno, lo cierto es que me han hecho un favor… Soy un Genio que ha estado atrapado en esa botella por más de mil años, por lo que estoy dispuesto a concederles tres deseos. —Le pregunta entonces al esposo—: A ver tú, ¿qué deseas?

—Quiero un millón de dólares al mes por el resto de mi vida.

Responde el Genio:

—Dalo por hecho. A partir de mañana lo comenzarás a recibir.

Después le pregunta a la esposa:

—¿Y tú qué quieres?

—Quiero tener una casa en cada país del mundo —contesta la señora.

—Es lo menos que puedo hacer por ti. A partir de mañana te llegarán los títulos de propiedad de las casas.

—Bueno, pero usted, ¿qué desea? —pregunta el esposo al Genio.

—Mire, yo he estado atrapado por más de mil años y en todo ese tiempo no he tenido sexo con ninguna mujer, por lo que mi deseo es acostarme con su esposa.

Los esposos se quedan mirando el uno al otro y finalmente el marido dice:

—Bueno, por un millón de dólares mensuales y todas esas casas, yo creo que podemos hacer una excepción… a mí no me importaría.

El Genio se lleva a la esposa a la recámara y luego de tener sexo por más de dos horas le pregunta:

—Por cierto, ¿qué edad tiene tu marido?

—Treinta y cinco, ¿por qué?

—Porque parece mentira que a los 35 años todavía existan tarugos que se crean que los genios existen.

😁 Matrimonio

Matrimonio es cuando dos personas deciden convertirse en una. El problema está en decidir quién sobrevive.

😁 Enojo

—¿Se enojó mucho tu mujer porque te quedaste a jugar un rato más a las cartas?

—No, total estos cuatro dientes que me faltan me los tenía que sacar en cualquier momento.

☺ Fidelidad

Hoy en día la fidelidad sólo se ve en los equipos de sonido.

☺ Lencería y coquetería

Una mujer se aproxima a su esposo y lleva puesto el mismo conjunto de lencería que usó en su noche de bodas, hace varios años. La esposa le dice:

—Cariño, ¿recuerdas esto?

El marido le contesta:

—Sí, mi amor, lo recuerdo. Es el mismo neglillé que usaste en nuestra luna de miel.

—Así es. ¿Y recuerdas lo que me susurraste aquella noche? —inquiere la señora.

—Pues sí, sí lo recuerdo —responde el marido.

—A ver, dímelo —murmura ella.

—Bueno, creo recordar que te dije: "¡Oh, ricura! Voy a chuparte esos hermosos e inmensos senos hasta dejártelos secos y volverte loca" —musitó el hombre.

—Así es. Eso fue lo que dijiste la noche de hace exactamente 15 años y ahora traigo ese mismo neglillé. ¿Qué puedes decir ahora? —inquirió melosa la mujer.

El marido la mira de arriba abajo y le dice:

—Misión cumplida.

☺ Esos análisis

El señor Soto va al laboratorio a recoger los análisis de su mujer y la recepcionista le dice, muy apenada:

—Señor Soto, lo sentimos pero hemos cometido un lamentable error y me temo que lo metimos en un grave problema. Cuando enviamos las muestras de su esposa al laboratorio para hacer los análisis, se enviaron junto con los de otra mujer que tiene el mismo apellido que su esposa y hubo una confusión en las muestras, de tal manera que no sabemos cuáles son los resultados de su esposa. ¡Qué pena!

—¿Qué quiere usted decirme? —pregunta el señor Soto.

La enfermera le explica:

—Mire, una de las dos señoras dio positivo en el examen de Alzheimer y la otra dio positivo en el del sida, pero no sabemos cuál de ellas es su mujer.

—¡Qué terrible! —exclama angustiado el señor Soto a la vez que pregunta—: ¿Qué se supone que debo hacer?

La enfermera le contesta:

—Abandone a su mujer en el Zócalo y si regresa por sí sola a su casa, entonces no le haga el amor.

😀 24 horas

Un tipo regresa a su casa después de visitar al doctor y le dice a su mujer que sólo le quedan 24 horas de vida. La señora se muestra afligida y le pregunta a su marido qué puede hacer por él.

El tipo le dice que puesto que sólo tiene 24 horas de vida, le gustaría que fueran las más románticas de toda su existencia. La señora accede, puesto que es la última petición del marido.

Hacen el amor desesperadamente y caen rendidos y se duermen. Después de una pausa el marido despierta y mira el reloj; despierta a su esposa y le solicita su amor de nuevo, pues le explica que sólo le quedan 18 horas de vida. La mujer accede y vuelven a caer dormidos. Más tarde el hombre se despierta, echa un vistazo al reloj, vuelve a despertar a su mujer y se entregan a la pasión, para después volver a caer rendidos de sueño.

En la madrugada, el señor se despierta, mira el reloj y se da cuenta de que sólo le quedan cuatro horas de vida, así que le toca el hombro a su mujer para despertarla. Ella se despierta, voltea a verlo y le grita:

—¡Carajo, como tú no tienes que levantarte mañana!

😁 Regalo de bodas

Un matrimonio está por cumplir 25 años de casados y la esposa le pregunta al marido:

—Mi amor, ¿qué me vas a regalar para celebrar nuestras bodas de plata?

—Un viaje a China —responde el marido.

La mujer, sorprendida por la magnitud del regalo, le pregunta:

—¿Y para las bodas de oro?

—Te voy a ir a buscar.

☺ Novios

Llegan los novios a la recámara en la noche de bodas y el novio le dice:

—Mi amor, pero tú no eres virgen…

Ella le responde:

—Ni tú San José ni esto es un pesebre.

☺ Amante

Un tipo regresa a su casa después de haber estado con su apasionada amante, pero al arreglarse descubre un terrible rasguño. Preocupado, entra en su casa y justo en ese momento ve pasar al gato, al que le pega tremendo patadón y ahí va el pobre gato.

Viene su mujer corriendo y le pregunta:

—Querido, ¿qué pasó?

—Nada, este triste gato que me rasguñó.

—Sí, mi amor, mátalo, que a mí me dejó un terrible chupetón en el cuello.

☺ italiaño al fiñ

Un italiano aguarda desesperado a que su mujer dé a
luz. Sale un médico y le dice:
   —¡Son quintillizos!
El italiano grita orgulloso:
   —¡Es que tengo un cañón!
A lo que el médico responde:
   —Entonces a ver si lo limpia, porque son negros.

☺ Ancianita

Va una ancianita a consultar al doctor para pedirle un remedio que le ayude a revivir el apetito sexual de su viejito. El doctor le receta el Viagra, pero la anciana le explica que su marido no toma ni aspirinas para el dolor de cabeza, que no hay poder humano que lo haga tomar pastillas.

El galeno le recomienda entonces que se la disuelva en el café. Pasan los días y la anciana regresa al consultorio y le dice al doctor:

—¡Ay doctor… fue horrible, fue horrible!

El médico le pregunta:

—Pero señora, ¿qué fue lo que pasó? ¿Acaso no siguió mis instrucciones al pie de la letra?

La anciana le responde acongojada:

—Sí, doctorcito, sí, le eché esa Viagra en el café sin que él se diera cuenta y el efecto fue inmediato. Se levantó de la silla, tiró al piso todo lo que estaba sobre la mesa, me arrancó toda la ropa, me subió a la mesa e hicimos el amor de tal manera que, ¡ay doctor, fue horrible, horrible!

El médico inquiere, un tanto sorprendido:

—¿Cómo que fue horrible? ¿Fue malo el sexo?

—No, doctor, fue el mejor sexo que hayamos tenido en más de 25 años, pero creo que no voy a tener cara para regresar nunca más al restaurante.

☺ Uno de golf

Dos tipos están jugando golf justo al lado de un cementerio en el cual se está llevando a cabo un entierro. Uno de ellos interrumpe el juego, se acerca a ver el funeral, se santigua y dice una plegaria y después continúa jugando.

El compañero de juego se sorprende y le dice:

—Oye, Miguel, eres la persona más noble que he conocido; sientes el dolor de las demás personas cuando pierden a un ser querido. Estoy orgulloso de jugar golf contigo.

El otro le contesta:

—Es lo menos que podía hacer. Estuvimos casados 12 años.

☺ Recién casado

Un tipo recién casado se va de farra con sus amigotes. Le promete a su mujer que estará de regreso antes de la media noche pero, como suele suceder, la fiesta se extiende y le dan las tres de la madrugada entrando por la puerta de la casa cayéndose de borracho.

Justo en ese momento el reloj de la sala da tres campanadas y el borracho, temiendo que su mujer se despierte, imita, según él, el tintineo:

—Dan, dan, dan —las repite nueve veces más para que su mujer piense que son las 12 de la noche.

A la mañana siguiente, la mujer le pregunta al marido a qué hora llegó anoche, a lo que él responde:

—A media noche, mi amor.

—Oye, Pepe, creo que vamos a tener que comprar otro reloj.

—¿Para qué?

—Es que éste ha de estar descompuesto.

—No, si da la hora a todo dar.

Pero la mujer replica, furiosa:

—Ni tan a todo dar. Anoche dio tres campanadas, hizo una pausa, dio otras cuatro, se puso a vomitar, dio tres más, se tiró un pedo, dio las últimas dos y se cagó de la risa.

☺ Tratamiento

Una mujer de 25 años le cuenta a su amiga sobre su matrimonio con un hombre de 65:

—¡Es tan caballero…! Me manda flores todos los días, me regala chocolates, me lleva de paseo, fuimos de vacaciones a Hawai, me compra ropa todas las semanas, en fin… Cine, teatro, cenas en los mejores restaurantes, joyas…

—¿Y en la cama? —interrumpe la amiga.

—En la cama hacemos el tratamiento —contesta la otra.

—¿Qué tratamiento? —inquiere la amiga.

—Él trata y yo miento.

☺ Recién nacido

Lupita y Pepe estaban por comprometerse en matrimonio. Pero antes de aceptar, ella consideró que lo más correcto era que le confesara a Pepe que, debido a una enfermedad infantil, sus senos no se habían desarrollado de manera normal y le habían quedado del tamaño de los de una niña de 12 años.

Al enterarse del secreto de Lupita, Pepe le aseguró que no tenía por qué preocuparse del tamaño de sus senos, que su amor era más grande que todas las contrariedades.

Y ya que estaban en eso de contarse secretos, él optó por confesarle que también tenía un secreto, así que la miró fijamente y le dijo:

—Mi amor, tengo que confesarte que tengo el pene del tamaño de un recién nacido. Espero que esto no nos cause problemas.

Ella le contestó que el tamaño de su pene no sería ningún problema, porque lo amaba tanto que buscaría la manera de que eso no les provocara contrariedades.

Aclarados los secretos se casaron, y en la noche de bodas, al empezar los escarceos, Lupita mete la mano en los calzoncillos de Pepe y sale corriendo a la par que grita llena de pavor.

Pepe la alcanza y, asombrado, le pregunta qué pasó, que por qué había gritado, y Lupita le contesta:

—¿Y todavía lo preguntas? ¡Me mentiste! ¡Me dijiste que tenías el pene del tamaño de un recién nacido!

—Es verdad, cariño, no te mentí. Te dije que del tamaño de un recién nacido: pesa tres kilos y mide 48 centímetros.

😁 Parientes

Un tipo le dice a su esposa:
—Yo no odio a tus parientes. Para que lo sepas, me agrada más tu suegra que la mía.

😁 Ángel

Un hombre le dice a su amigo:
—Mi mujer es un ángel.
Y aquél le contesta:
—¡Qué suerte tienes, la mía sigue viva!

😁 Reflexiones

• A un hombre le robaron su tarjeta de crédito, pero decidió no hacer la denuncia porque el ladrón gastaba menos que su esposa.

• Si no fuera por el matrimonio, el hombre pasaría su vida pensando que no tiene defectos.

• Los hombres que usan aretes en las orejas están mejor preparados para el matrimonio… ya experimentaron con el dolor y compraron joyas.

• Un hombre exitoso es aquel que gana más dinero del que su esposa puede gastar. Y una mujer exitosa es aquella que puede encontrar un hombre así.

La chacha

El hijo más chico de un matrimonio encuentra al padre haciéndole el amor a la sirvienta. El nene va y le cuenta a la madre lo que ha visto. Ésta se traga el coraje y le advierte al nene que no diga nada hasta que ella se lo indique.

Pasan los días y, justo en el cumpleaños de la abuela paterna del nene y con toda la familia presente, en lo mejor de la fiesta, aparece la madre y anuncia:

—Silencio, por favor, Pablito les va a contar una historia.

Todo el mundo se imagina que Pablito va a decir una poesía o a cantar algo cursi, pero resulta que empieza diciendo:

—La semana pasada mi papá entró en el cuarto que la sirvienta estaba limpiando y la abrazó, la besó, le quitó la ropa y…

Para ese momento todo mundo miraba al padre de Pablito con ojos de linchamiento, y el pobre padre no sabía ni dónde meterse, en tanto la madre sonreía pícaramente.

Pablito continuó:

—Después de quitarle la ropa, él también se quitó la suya. Se acostaron en la cama y después mi papá empezó a meter... a meter... la cosa esa que no me acuerdo cómo se llama.

En eso mira de soslayo a la madre, que no cabe de orgullo por el triunfo, y le pregunta:

—Mami, ¿cómo se llama eso que tú siempre le chupas al vecino de enfrente?

Recién casados

Es una pareja de recién casados y él le dice a ella:

—Mi vida, ahorita vengo.

A lo que ella le contesta con voz de recién casados:

—¿A dónde vas, cariñito?

—Al bar, mi cielito, a tomarme una cerveza.

La mujer se lleva la mano a la cintura y le pregunta amorosamente:

—¿Quiere una cervecita mi amorcito?

Y en el acto abre el refrigerador y le enseña más de 25 cervezas de 12 diferentes países. El marido no sabe qué hacer y se le ocurre decirle:

—¡Ay, cariñito, pero en el bar… tú sabes… la jarra helada…!

No bien termina de decir esto cuando la esposa saca del congelador una jarra escarchada en hielo, tan fría que hasta ella misma tiembla. El marido le dice, apenado:

—Sí, mi reinita, pero en el bar sirven unas botanas riquísimas… Vuelvo en seguida.

Ella le pregunta:

—¿Quiere botanas mi amorcito?

Notoriamente molesta, abre el horno y saca 15 platos diferentes de botanas: caviar, papas fritas, aceitunas, de todo… El marido, muy apenado e insistente, le dice:

—Pero, caramelito, en el bar, tú sabes, las maldiciones, las palabrotas y todo aquello…

La señora le espeta:

—¿Quiere palabrotas mi amorcito? Pues toma tu /%&$ cerveza, la $#/&* jarra helada y te tragas esas &/$#* botanas, pero de aquí no sales hijo de…

☺ Viejito

Un viejito ya no tenía erecciones desde hacía un buen tiempo y decide ir con el médico para remediar su situación. El galeno le receta Viagra, pero le advierte:

—Tome una pastillita de éstas dos horas antes de que vaya a hacerle el amor a su mujer; después de hacerlo, es conveniente que remoje su miembro en leche fría para eliminar el efecto.

El viejito sale corriendo, compra las pastillas, llega a su casa y en pleno desespere se toma el frasco completo. Cuando llega su esposa le hace el amor durante dos horas y, no contento con ello, se pasa por las armas a su vecina, a su sirvienta, a su suegra, a la amiga que llega de visita, a la prima, hasta al gato…

Desesperado por no poder contenerse, recuerda lo que el médico le había dicho para eliminar el efecto. Corre al refrigerador y hace lo que el galeno le había recomendado, pero en ese momento llega la sirvienta a la cocina y sale gritando:

—¡Corran, corran, lo está recargando!

☺ Él seminarista

En un seminario es el día del examen final. El superior les está diciendo el discurso a los seminaristas que están a punto de graduarse:

—Hijos míos: cansados como ya estamos de tanto escándalo en los que tantos sacerdotes se ven envueltos por el pecado de la lujuria, hemos decidido hacerles un examen especial para probar su resistencia ante las tentaciones de la carne. Así que para empezar, desnúdense. El padre Humberto va a pasar entre ustedes con unas campanitas; cada uno de ustedes tome una y amárresela en el pene.

Una vez que los seminaristas lo hacen, entra en el salón una bailarina exótica, vestida de forma sugerente. De inmediato empiezan a sonar más de la mitad de las campanitas de los seminaristas: tilín, tilín, tilín…

El superior los identifica rápidamente y les dice:

—Lo siento, hijos míos, pero ustedes no están preparados todavía para salir al mundo; la tentación de la carne se lo impide. Que continúe la prueba.

La exótica bailarina empieza a hacer su estriptís y otra vez empiezan a sonar las campanitas: tilín, tilín, tilín… El superior retira a la otra parte que identificó. La bailarina continúa y, al quitarse el brasier, suenan las campanitas: tilín, tilín, tilín… y el superior va eliminando a los seminaristas hasta que sólo quedan tres. Cuando la bailarina se quita la tanga, dos campanitas suenan: tilín, tilín, tilín…

Queda sólo un seminarista, imperturbable. A una señal del superior, la bailarina se acerca y lo empieza a manosear y el seminarista inmune, quieto, nada sucede. Silencio absoluto. La bailarina se le sienta en las piernas y nada, silencio total.

El padre superior, feliz, se le acerca y le dice:

—Hijo mío, has sido el único de tu generación que ha sabido vencer las tentaciones de la carne; estás preparado para salir al mundo. Ven, dame un abrazo de despedida.

Y en ese momento se oye: tilín, tilín, tilín…

☺ Uno de monjas

Queridos amigos, esta mañana he sido testigo de un suceso que aún me tiene conmovido y no puedo menos que contárselo.

Una monja iba acompañada de sus alumnas, vio a un hombre desnudo, boca arriba, con sus genitales al descubierto y para evitar que sus alumnas lo viesen, se levantó la falda y empezó a recitar la siguiente plegaria:

—Ay San Aniceto, ¿qué es esto que me meto?

—Ay San Armando, ¿qué diablos me está entrando?

—Ay Santa Teresa, ¡vaya cosa más tiesa!

—Ay Santa María, ¡esto no lo sabía!

—Ay San Carvajal, ¡de aquí no me voy a bajar!

—Ay Santa Marta, ¡esto mide una cuarta!

—Ay San Mateo, ¡creo que aquí me quedo!

—Ay San Gaspar, ¡qué bueno es follar!

—Ay Santa Calcuta, ¡de ésta me meto de pu...!

—Ay San Generoso, ¡esto sí está sabroso!

—Ay Santa Victoria, ¡estoy llegando a la gloria!

—Ay San Angulo, ¡cómo me tiembla el cu...!

—Ay San Crisendo, ¡creo que me estoy corriendo!

Las alumnas, al ver a la monja clamar al cielo, gritando, se acercaron sorprendidas. El hombre intentó levantarse, pero la monja abrió los ojos y gritó:

—Ay San Renato, ¡si me la sacas te mato!

😁 El pecado

Se acerca un sujeto a confesarse y dice:

—Padre, me he tirado a una negra en un cuarto oscuro.

El sacerdote le contesta:

—Tranquilo, hijo, tranquilo, eso no es pecado, es puntería.

☺ Desierto

Van una monjita y un padrecito cruzando el árido desierto en un camello. Al tercer día, una tormenta de arena los atrapa y buscan refugio. Cuando la tormenta termina, se dan cuenta de que el camello está muerto. El padrecito le dice a la monjita:

—Hermana, esto se ve muy feo; difícilmente sobreviviremos dos días aquí, y el campamento más cercano se encuentra a una semana de camino. Ahora que sabemos que no vamos a sobrevivir, quisiera pedirle un favor: nunca le he visto los senos a una mujer. ¿Puedo ver los suyos?

La monjita, un poco sorprendida, le responde:

—En las circunstancias en la que nos encontramos, no veo el problema.

Se los muestra y él vuelve a preguntarle:

—¿Le importaría si los toco?

La monjita no pone objeción, y después de un minuto le pregunta al padrecito:

—Padre, ¿le puedo pedir un favor?

Aquél le responde:

—¡Claro, el que usted quiera!

—Nunca le he visto el pene a un hombre. ¿Podría verle el suyo?

—Pues en las circunstancias en la que nos encontramos, no veo el posible daño, hija, adelante.

La monjita le pregunta:

—¿Lo puedo tocar?

Y el padrecito le responde:

—¡Adelante, tóquelo!

Después de algunos minutos de tener la atención de la monjita, el padrecito se empieza a excitar y tiene una erección. Ya cachondo, se le acerca a la monjita y le dice al oído:

—Hermana, ¿sabía que si inserto mi pene en el lugar correcto puedo crear vida?

Extasiada, la monjita le pregunta, un tanto incrédula:

—¿Es verdad eso, padre?

—¡Por supuesto que sí!

—¡Entonces métaselo al camello y vámonos de aquí!

☺ Sucedió en una oficina

Memorándum enviado al personal femenino y al gerente de recursos humanos respecto de la solicitud de fotocopias:

Se ruega al personal femenino de esta empresa que, al momento de solicitar sus fotocopias mediante el uso de "notitas" adjuntas a los documentos por fotocopiar, eviten ciertas expresiones que se prestan a malos entendidos y que ya han provocado a nuestros compañeros graves problemas, al extremo de hacer peligrar la paz de su hogares.

A manera de ejemplo se citan algunas frases:

1. ¡Por favor, don Ricardo, hágamelo rapidito, porque mi jefe me las va a pedir ahorita que llegue!
2. Daniel, porfa, sácala como la otra vez, plis.
3. Juan, hazme cuatro rapidito. Pero bien, como tú sabes.
5. No seas gacho, Jorge, primero a mí, que me superurge.
6. Te pido especialmente que cuando la saques se vea lo mejor posible.
7. No me importa cuánto te tardes pero que te salga bien.
8. Préstame atención, ahora sí estoy angustiada… Ya hiciste que me retrasara.
9. Mira, como está muy ancha y larga, ponla derechita para que quepa toda.

Y la más reciente, cuando hay gran cantidad de trabajos en espera:

10. Julio, urgente: métela en medio y sin que nadie se entere me la sacas.

😁 Un practicante

Un practicante ingresa en una compañía multinacional y el primer día llama al comedor y dice de mal modo:

—Quiero de inmediato un café negro en vaso, sin azúcar y dos polvorones de nuez, ¡pero ya!

Del otro lado se escucha:

—Pedazo de idiota, se equivocó de extensión, ¿sabe a dónde llamó?

El practicante responde tímidamente:

—No.

Y del otro lado del teléfono se escucha:

—¡Pues nada más y nada menos que a la gerencia de la empresa!

El practicante piensa unos segundos y pregunta:

—¿Y acaso sabe usted quién le está hablando?

Del otro lado el gerente responde:

—¡No!

El practicante responde:

—Menos mal —y cuelga.

☻ Discriminación

Llega un tipo a una oficina de gobierno a pedir trabajo. Se entrevista con el jefe de personal y durante la
entrevista se le escapa decir que carece de testículos,
a lo que el jefe de personal le responde que eso no
importa.

El tipo recapacita y piensa que no debió haberlo
dicho, así que agrega apresuradamente:

—Pero soy muy capaz.

El jefe de personal le responde:

—Mire, amigo, el hecho de no tener testículos no es impedimento para trabajar aquí. Es más, está usted contratado.

A lo que el solicitante contesta:

—¡Excelente! ¿Cuál es el horario de trabajo?

—De 8 a 5, pero usted puede llegar a las 9 de la mañana.

El solicitante piensa que, por no tener testículos, el jefe de personal lo está considerando minusválido, de modo que le dice muy molesto:

—Yo ya le dije que no tengo testículos, pero la capacidad sí la tengo.

—Ya lo sé, amigo, pero en esta oficina se rascan los testículos de 8 a 9, así que no tiene caso que usted llegue tan temprano.

☺ Avisos clasificados

- Si su suegra es una joyita… Nosotros tenemos el mejor estuche. Funeraria Pérez.
- Hombre de buenas costumbres busca chica que se las quite.
- Divorcios en 24 horas. Satisfacción garantizada o le devolvemos a su cónyuge.
- Viuda Negra busca tipo millonario para casorio. ¡Hasta que la muerte nos separe!

- Violo a domicilio. Solicite muestra gratis.
- Psicópata asesino busca chica para relación corta.
- Adolescente cambia caja de juguetes por revistas porno. ¡Urge!
- Busco perro y suegra perdidos en el terremoto. Ofrezco recompensa por el perro.
- Se necesita cama con muchacha adentro.
- Hombre invisible solicita mujer transparente para hacer cosas nunca antes vistas.
- Cambio moto hecha mierda por silla de ruedas.
- Cambio condón roto por ropita de bebé.
- Cambio suegra por víbora. Pago diferencia.
- Joven soltero y sin compromiso arrienda media cama.
- Paloma solitaria busca nido confortable.
- Un hombre puso un anuncio en el periódico que decía:

  "Se necesita esposa."

  Al día siguiente aparecieron cientos de cartas. Todas decían lo mismo:

  "Puedes llevarte la mía."

☺ Esos niños

Una mañana dos pequeños hermanos, uno de 7 y otro de 5 años de edad, platican mientras esperan que su mamá les sirva el desayuno.

El de 7 años le dice al de 5:

—Ya es hora de que empecemos a decir groserías.

El de 5 años responde:

—Sí, pero ¿qué vamos a decir?

El de 7 años le explica:

—Yo voy a decir "pinche" y tú vas a decir "tarugo", ¿okey?

Entonces la mamá llega al comedor y le pregunta al mayor:

—¿Qué quieres desayunar?

—Unas pinches zucaritas.

Alarmada, la mamá le asienta un cachetadón y el niño se va llorando. Después le pregunta al más pequeño:

—Y tú, ¿qué quieres de desayunar?

—No sé, pero de tarugo pido zucaritas.

😁 Como en gobierno

Pepito llega a su casa y le pregunta a su papá:

—Oye papá, ¿cómo está integrado el gobierno?

El padre le responde:

—Mira, Pepito: para que te sea más fácil entenderlo, te voy a poner un ejemplo basado en la casa. Tu mamá es el gobierno; tu papá es el Poder Ejecutivo; la sirvienta es el Estado; tu hermanito es el país, y tú eres el pueblo.

Esa misma noche, el hermanito de seis meses estaba llorando y Pepito fua a ver qué sucedía y lo encontró lleno de popó.

Después fue a avisarle a su mamá, pero estaba dormida. Buscó a su papá y lo encontró haciendo el amor con la sirvienta.

Al otro día, en el desayuno, Pepito le dice a su papá:

—Anoche la situación estaba de locura, pues, de acuerdo con la definición que tú me diste del gobierno, estábamos así: el país hecho una mierda; el gobierno, dormido como siempre; el Poder Ejecutivo jodiéndose al Estado, y el pueblo hecho un tonto sin saber qué hacer.

Pelea

Están dos tipos peleándose y Pepito se acerca a un policía para pedirle ayuda y le dice:

—¡Señor, señor, venga rápido que le están pegando a mi padre!

Y el policía le pregunta:

—¿Cuál de los dos es tu padre?

—No sé, señor, por eso se están peleando.

¿Cómo nací?

Pepito, de 6 años, corre y le pregunta a su papá:

—Papi, papi, ¿cómo nací?

—Bueno, te trajo la cigüeña.

—¡Ah!, ¿y a mi hermanita?

—A ella la encargamos a París.

—¡Oh!… ¿Y mi hermanito?

—A él lo trajo el niño Jesús.

—¡Ah! ¿Entonces nunca le hiciste el amor a mi mamá?

La rana aplastada

Pepito, de 12 años, iba caminando por la calle arrastrando una rana aplastada. Llega a uno de esos locales de mala nota que tienen una luz roja en la entrada y llama a la puerta. La *madame* abre la puerta y al ver a Pepito le pregunta qué quiere. Éste le responde que quiere hacerlo con una de las muchachas del lugar y que para eso tiene suficiente dinero, así que no se irá hasta conseguirlo y además él escogerá.

La *madame* lo medita un momento y le permite pasar. Una vez dentro, lo invita a elegir, de entre las muchachas, la que más le guste. Pepito pregunta cuál de ellas tiene alguna enfermedad venérea y, por supuesto, la *madame* responde que ninguna. Pero él ya había escuchado a los hombres del pueblo decir que habían tenido que ir al hospital a recibir tratamiento después de haberse acostado con Marlene, y ésa es la mujer con la que Pepito quiere.

Visto que Pepito está tan empeñado y tiene dinero, la *madame* le dice que Marlene se encuentra subiendo la escalera a la derecha.

Siguiendo las instrucciones, Pepito sube las escaleras, arrastrando a la rana aplastada. A los diez minutos baja con la rana, le paga a la *madame* y se dirige a la salida, momento en el cual ella le pregunta:

—¿Por qué has elegido a la única muchacha en todo el local que tiene una enfermedad en vez de cualquier otra?

Y Pepito responde:

—Bueno, si tiene que saberlo le diré: esta noche cuando llegue a casa, mis padres van a salir a cenar y me van a dejar con la niñera. Cuando ellos se hayan ido, lo voy a hacer con la niñera, a la que le gustan mu-

cho los jovencitos, y ella se contagiará de la enfermedad que acabo de contraer.

"Cuando vuelvan mis padres, papá le dará un
aventón a la niñera a su casa, y en el camino se lo va a
hacer y contraerá la enfermedad. Cuando papá vuel-
va de llevar a la niñera, él y mi mamá se acostarán,
harán el amor y ella se contagiará.

"Por la mañana, cuando mi papá se vaya al trabajo, el cartero traerá el correo y se echará un rapidín
con mi mamá, y también se contagiará. Y a ese desdichado hijo de %/$# que atropelló a mi rana es al que
quiero fastidiar."

😁 Pepito y el debate

La maestra de Pepito decide hacer un debate de seis
preguntas y pone a Pepito en el lado de los inteligen-
tes, para que así no moleste, y al otro lado al resto del
grupo. Mientras se acopla a su grupo, Pepito les grita
a sus compañeros:

—¡Les vamos a ganar, flojotes!

La maestra comienza el debate:

—Primera pregunta: ¿quién descubrió América?

El grupo de Pepito contesta:

—Cristóbal Colón.

Y Pepito grita:

—¡Se lo dije, sarta de güevones! 1 a 0.

—Pepito, ¡cállese! —le grita la maestra, y sigue con la segunda pregunta:

—¿Qué idioma se habla en España?

El grupo de Pepito responde:

—El castellano, maestra.

Y Pepito grita:

—¡Se lo dije, hijos de $%/&, 2 a 0!

La maestra hace la tercera pregunta:

—¿Cómo llegó Cristóbal Colón a América?

El grupo de Pepito contesta:

—En la Pinta, la Niña y la Santa María.

Pepito grita emocionado:

—¡Se lo dije, bola de estúpidos, 3 a 0!

La maestra le grita, muy enojada:

—¡Pepito, se para y se sale!

—El pene, maestra.

Indignada, la maestra le vuelve a gritar:

—¡Pepito, se sale y no entra!

—La caca, maestra. Se lo dije, 5 a 0, ¡grandísimos babosos!

La maestra, ya cansada, lo reprende:

—¡Pepito, se sale y no regresa en un mes!

Pepito grita contentísimo:

—La regla, maestra. ¡Se lo dije, 6 a 0, ganamos!

😁 Hacia el cielo

Llega un día Pepito de la escuela y se encuentra a su pollito, que tenía de mascota, tirado en el suelo con las patitas apuntando hacia el cielo. Cuando su papá llega del trabajo, le explica a Pepito que el pollito había muerto y que sus patitas apuntaban hacia Dios que estaba en el cielo.

Pepito se quedó tranquilo con la explicación y, junto con su papá, enterró al pollito.

Dos semanas después el papá llega a casa después del trabajo y Pepito corre a recibirlo gritando:

—¡Papá, papá, por poco y perdíamos hoy a mamá!

—¿¡Qué dices Pepito?! —replica el padre.

—Sí, papá. Cuando llegué de la escuela, mamá estaba acostada en la cama con las piernas apuntando al cielo y gritando: "¡Dios mío, Dios mío!" Si no hubiera sido por el tío Joaquín, que estaba encima de ella deteniéndola, seguramente se nos hubiera ido.

😁 Breves del pequeño Pepito

• El pequeño Pepito le pregunta a su padre:

—¿Oye, papá, "tarugo" se acentúa?

—Con los años, hijo, con los años.

• En la clase de español, la maestra le pregunta a Pepito:

—Pepito, en la oración "María está disfrutando", ¿dónde está el sujeto?

—Muy fácil, maestra: encima de ella.

😀 **¿Cuántos años?**

Un profesor de matemáticas quiere burlarse de sus alumnos y les dice:

—Niños, aquí les va un problema: un avión sale de Alemania con una velocidad de 400 km/h, la presión atmosférica es de 1004 hectopascales, la humedad relativa es del 66% y la temperatura de 22 grados. La tripulación está compuesta por cinco personas, la capacidad del avión es de 45 asientos, el baño está ocupado y hay cinco azafatas. La pregunta es: ¿cuántos años tengo?

Los niños se miran asombrados mientras Pepito levanta la mano y responde:

—Cuarenta y cuatro, profe.

—Sí, tengo 44 años, ¿cómo lo adivinaste, Pepito? —inquiere.

—Lo que pasa es que tengo un primo de 22 años y es medio mamón.

La familia de Pepito es invitada a una cena muy elegante en una embajada europea. En pleno convivio alguien propone jugar a las adivinanzas, por lo que la anfitriona sugiere empezar antes de que se sirva la cena.

Uno de los comensales, al ver el gran collar que porta una elegante dama, dice:

—¿Redondo y grueso, a la mujer le entra hasta el pescuezo?

A lo que Pepito contesta presuroso:

—¡El pito, el pito!

La anfitriona exclama, refiriéndose a la familia de Pepito:

—¡Jaime, los abrigos de los señores, que ya se retiran!

El papá de Pepito se disculpa muy apenado:

—Lo siento mucho, disculpen a mi hijo; es muy joven y efusivo.

La disculpa es aceptada y sigue el convivio.

Al rato pasa la yegua de la anfitriona corriendo por los jardines y la persona que tenía que realizar la adivinanza exclama:

—¿Larga y briosa y a la mujer pone nerviosa?

Y Pepito grita de nuevo:

—¡Es el pito, el pito!

A lo que la anfitriona replica:

_¡Jaime, los abrigos de los señores, que ahora sí se retiran!

El padre de Pepito quiere fulminar con la mirada a su hijo y se vuelve a disculpar:

—Señores, les ruego nuevamente disculpen a Pepito, les aseguro que no volverá a suceder.

De mala gana se acepta la disculpa y sigue la reunión. Al llegar a los postres, el siguiente comensal ve que se trata de churros con chocolate y lanza la adivinanza:

—¡Largo y arrogante, sale blando y chorreante!

Y Pepito, encaminándose a la salida, exclama:

—¡Jaime, mi abrigo y fastidio a mi madre si no es el pito!

☺ Una propuesta indecorosa

Una estudiante muy cuero entra en el salón de clases donde sólo estaba el profesor que la había reprobado. Checando que nadie la viera, cierra la puerta con llave y muy sugerentemente se le acerca al maestro y le dice:

—Profesor, dado mi fracaso en el último examen, yo estaría dispuesta a hacer cualquier cosa para aprobar la materia.

El maestro levanta la vista y se le queda mirando desde su escritorio. Ella se acerca sugestivamente y le dice:

—Sí, profesor, haría cualquier cosa.

El maestro le pregunta:

—¿Dices que harías cualquier cosa?

—Sí, cual-quier co-sa, profesor —y se le acerca más.

El maestro le contesta:

—A ver, relájate un poco. ¿Dices que harías cualquier cosa con tal de aprobar esta materia?

La chava le contesta en tono más que sensual:

—Sí, profe, cualquier cosa.

—¡Pues póngase a estudiar, haragana!

☺ El trenecito

Una señora estaba preparando la comida mientras escuchaba jugar a su hijo, en la sala, con su nuevo tren eléctrico.

Escucha que el tren se detiene y oye que su hijo dice:

—Todos los hijos de p... que quieran bajarse, háganlo ahora, porque ésta es la última parada. Y todos los hijos de su chin... madre que van de regreso y se quieran subir, metan sus pompas dentro del tren porque ya nos vamos.

La madre entra a la sala y, muy molesta, le dice a su hijo:

—Nosotros no usamos esa clase de lenguaje en esta casa. Ahora ve a tu cuarto y te quedas ahí dos horas. Cuando salgas puedes volver a jugar con tu tren; claro, usando un vocabulario decente y agradable.

Dos horas mas tarde, el niño sale de su recámara y comienza a jugar de nuevo con el tren. De pronto éste se detiene y la madre escucha desde la cocina que su hijo dice:

—Todos los pasajeros que vayan a descender del tren recuerden por favor llevarse todos sus objetos personales consigo. Les agradecemos por haber viajado con nosotros el día de hoy y esperamos que el viaje haya sido placentero... Esperamos que viajen de nuevo en una próxima oportunidad.

Y el pequeño prosigue:

—A aquellos que están embarcando les pedimos que coloquen todas sus pertenencias debajo de los asientos. Recuerden que está prohibido fumar dentro del tren. Esperamos que tengan un viaje relajado y placentero con nosotros el día de hoy.

La madre está feliz, satisfecha de saber que el castigo funcionó. Pero el niño agrega:

—Y aquellos que estén encabritados por la demora de dos horas, reclámenle a la vieja hija de $%/&# que está en la cocina.

☺ Examen

En un examen de zoología, el profesor le entrega a Pepito una pata de ave y le dice:

—A la vista de esta extremidad, ha de decirme la familia, el género y la especie del animal.

A lo que Pepito responde:

—Pero, maestro, no se la jale, ¿cómo le voy a decir todo eso con sólo una pata?

El maestro responde, furioso:

—Está usted reprobado; déme su nombre y apellido, jovencito.

Pepito se quita un zapato, le enseña el pie desnudo al profesor y le dice:

—A ver, cabrón, adivine.

☺ Fin de semana

El lunes por la mañana la maestra les pide a sus alumnos que le cuenten las buenas obras que hicieron durante el fin de semana:

—A ver, Pedrito, tú primero.

—Bueno, maestra, ayer ayudé a una viejecita a cruzar la calle.

—Muy bien. A ver, Juanito, ¿tú qué hiciste?

—Yo le regalé comida a un mendigo.

—¡Perfecto! ¿Y tú, Pepito, qué hiciste?

—Yo, maestra, evité una golpiza y una violación.

A lo que la maestra pregunta asombrada:

—Bueno, y ¿cómo hiciste eso?

—Muy fácil, la convencí.

 ## De botica

Un buen día Pepito fue a la farmacia y le dijo al boticario:

—Señor, véndame un condón, porque esta noche voy a cenar a la casa de una chava con la que estoy saliendo desde hace cuatro meses y a ver si cae…

"No, no; mejor véndame dos condones, ya que mi novia tiene una hermanita que no está nada mal y a ver si también cae…

"No, ¿sabe qué? Véndame tres condones, porque la mamá también está muy rica, y como la doña se la pasa pintándole el cuerno al pendejo de su marido, a lo mejor también cae…"

En la noche Pepito va a cenar a casa de su novia y se queda totalmente callado, con la cabeza agachada y sin decir una sola palabra en toda la velada.

Cuando se despide y sale de la casa, su novia le pregunta, muy enojada:

—Oye, Pepito, ¿qué es lo que te pasa? ¿Por qué no dijiste ni una sola palabra en toda la noche? Yo no sabía que fueras tan tímido.

A lo que Pepito le responde:

—Ni yo sabía que el boticario fuera tu padre.

☺ Regalo

Es el último día de clases y los alumnos le llevan un regalo a la maestra. El hijo del dueño de la florería le lleva un ramo de flores; la hija del de la dulcería, una caja de chocolates.

Pepito, cuyo padre es dueño de una licorería, se acerca a la maestra con una caja grande y pesada. Al recibirla, la maestra se da cuenta de que algo escurre por la base. Con el dedo recoge una gota del líquido, lo prueba y comenta, tratando de adivinar:

—¿Es vino?

Pepito responde negativamente.

La maestra prueba otra gota y dice:

—¿Champaña?

Pepito vuelve a negarlo, a lo que la maestra, preocupada, comenta:

—¿Qué es?, me rindo.

—Un perrito.

☺ Peluquero

Llega Pepito con el peluquero y le dice:

—¿Me puede cortar el pelo más largo del lado derecho que del izquierdo; en capas de atrás, parado de en medio, que no se pueda acomodar de por aquí, con un remolino de este otro lado y grafilado de enfrente?

El peluquero responde:

—¡Híjole, está canijo!

A lo que Pepito le pregunta:

—¿Verdad que está canijo, güey? ¡Así me lo dejó la vez pasada!

 ## Semana Santa

En un pueblito se acostumbraba pasear a la Virgen patrona durante la Semana Santa, pero existía una condición para aquella damita que la cargara: ésta debía ser pura, es decir virgen.

El cura del pueblo tiene arremolinadas a todas las inditas con su respectivas hijas, y les pregunta:

—A ver, ¿una señorita que pase al frente para que cargue a la virgen?

Todas las señoras se dan de codazos y una de ellas le dice a su hija:

—¡Ándele m'hija, pásele!

Y la muchacha, toda compungida, le responde:

—¡No mamá, yo ya no soy!…

Como en aquel tumulto no había ninguna señorita que fuera digna de cargar a la virgencita, se comenzó a armar un fuerte barullo.

Entonces el curita se dirige a la multitud y exclama:

—A ver, una señorita de allá atrás —refiriéndose a las mujeres que se encontraban atrás del gentío.

En ese momento sale gritando una muchacha:
—¡Ah, sí, de atrás sí soy virgen!

 ## Carretera

El papá, la mamá y el hijo viajaban por la carretera y de repente en el camino encuentran un indito con un conejo en la mano y un letrero que decía: "Conejos a $50.00." El niño le pide inmediatamente a su papá que se detenga, a lo cual el padre accede y para el auto frente al indito que vendía los conejos.

El niño se baja a ver los conejos. El padre y la madre se bajan después y comienzan a regatear el precio del conejo con el indito, cuando de pronto el niño le pregunta a éste:

—Disculpe, señor, ¿cómo se cogen los conejos?

El indito se le queda viendo, voltea a ver a los padres, voltea a ver nuevamente al niño y le contesta:

—Mira, niño: el conejito comienza a corretear a la conejita y cuando ésta ya no puede correr más, la va acorralando y luego se le acerca por detrás y le levanta la colita y...

Inmediatamente el padre, al ver que la pregunta de su hijo fue mal interpretada por el indito, aclara:

—No, señor, no; mi hijo se refiere a cómo se cazan.

El indito se le queda viendo con asombro y por último voltea a ver al niño y le dice:

—¡Ahhhh, no, niño! Los conejos no son tan tarugos; ellos no se casan, nomás se cogen.

😀 Tres ratas

Tres ratas entran a un bar. Una de ellas pide un whiski, se lo empina de un solo trago, estampa el vaso en la barra, mira a las otras ratas y les dice:

—Cuando encuentro una trampa para ratas, salto encima del gatillo, agarro con los dientes el alambre que viene bajando, lo muerdo 20 veces para afilarme los dientes, lo rompo y me como el queso.

La segunda rata pide un vodka, se lo embucha de un solo sorbo, rompe el vaso en un rincón y dice:

—Cuando encuentro veneno para ratas, me lo llevo a la casa, lo meto en el microondas, hago pozole y me lo como viendo la tele y tomando una cerveza.

Acto seguido, ambas ratas se dan vuelta y miran a la tercera. Ésta pide una copa de vino tinto, toma un sorbito, mira a las otras dos, vuelve a sorber su copa, la deja sobre la barra y exclama:

—Ustedes disculparán, pero no tengo tiempo de contar tonterías; debo ir a casa a hacerle el amor al gato.

☺ Tres elefantes

Éstos eran tres elefantes que estaban a todo dar, echadotes sobre la sabana y uno de ellos comenta:

—¡Ah!, ¡cómo quisiera tener las orejas grandoto-tototasss!

Los otros dos le preguntan:

—¿Para qué?

—¡Ah! —responde—, para moverlas y hacer una brisa deliciosa y alivianarnos un poco este calor.

Otro elefante dice:

—Pues yo quisiera tener una trompa larguisisisísima…

—¿Para qué? —preguntan los otros dos.

—Pues para llegar al lago sin levantarme, succionar agua y mojarnos todos.

Y el tercer elefante comenta:

—Pues a mí me gustaría tener las pestañotas largas, largas y chinas, chinas…

A lo cual preguntan los otros dos:

—¿Y para qué?

—¡Ay, nomás de loca!

☺ Ositos

Papá oso, mamá osa e hijito oso se disponían a comer. Se sienta papá oso a la mesa y ve su plato vacío. Se enfurece y, lleno de rabia, se levanta y grita:

—¿Quién se ha tomado mi sopa?

El osito, aterrorizado, baja la cabeza y voltea a ver su plato y… ¡sorpresa: el plato está vacío!

Entonces se levanta y dice, enojado:

—¿Quién se comió la mía?

En eso entra mamá osa y les dice:

—Se sientan y se callan, par de tontos, que todavía no sirvo.

El mejor amigo

Un tipo va a visitar a un amigo y al llegar se encuentra una multitud en la casa.

—¿Qué pasa, Gregorio?

—¡Murió mi suegra!

—¿Cómo fue?

—Tengo un perro Pitbull Terrier y en un descuido se le lanzó a mi suegra a la garganta y la degolló. ¡Murió al instante!

—¡Qué pena! ¿Oye, y tu suegra tenía tantos admiradores que la casa está llena de hombres?

—No, son los vecinos que se enteraron de lo que pasó y vienen a comprarme el perro.

☺ De gallegos

• ¿Cuántos chistes hay de gallegos?
  * Ninguno, todos son anécdotas.
  • ¿Qué hace un gallego solo a las 12 de la noche en un estadio de futbol?
  * Ver el juego de estrellas.

☺ Carta gallega

Querido hijo:

Te pongo estas líneas para que sepas que estoy viva. Te escribo despacio porque sé que no puedes leer de prisa. Si recibes esta carta es porque te llegó; si no, avísame y te la mando de nuevo.

Tu padre leyó que, según las encuestas, la mayoría de los accidentes ocurren a un kilómetro de la casa, así que nos hemos mudado más lejos; no vas a conocer la casa.

El lugar es lindo, tiene una lavadora, no estoy segura si funciona o no. Ayer metí la ropita, bajé la cadena y no he vuelto a ver la ropa desde entonces.

El clima no es tan malo, la semana pasada sólo llovió dos veces: la primera vez por tres días y la segunda por cuatro.

Fíjate que tu padre dice que no hay como vivir por acá. La otra noche la temperatura fue de cero grados, así que no hizo ni frío ni calor.

La chaqueta que querías, tu tío Pepe dijo que si la mandábamos con los botones puestos pesaría demasiado y el envío sería muy costoso, así que le quitamos los botones y los pusimos en el bolsillo.

Al fin enterramos a tu abuelo. Encontramos su cadáver con lo de la mudanza; estaba en el clóset desde el día que nos ganó a jugar a las escondidillas.

Te cuento que el otro día hubo una explosión de gas en la cocina y tu padre y yo salimos disparados por el aire y caímos fuera de la casa; ¡qué emoción! Fue la primera vez que tu padre y yo salimos juntos después de muchos años.

El médico vino a la casa y me puso un tubito en la boca y me dijo que no la abriera por diez minutos. Tu padre se ofreció a comprarle el tubito.

Sobre tu padre, ¡qué orgullo!, te cuento que tiene un bonito trabajo: tiene cerca de 500 personas debajo de él; es el que corta la grama en el cementerio.

Tu hermana Julia, la que se casó con su marido, parió, pero como todavía no sé de qué sexo es el bebé, no te sé decir si eres tío o tía. Si el bebé es una niña, tu hermana va a nombrarla como yo; ella llamará a tu hermana "mamá".

Tu padre le preguntó a tu hermana Pilar que si estaba embarazada; ella dijo que sí, de cinco meses ya, y tu padre le preguntó que si estaba segura de que era de ella.

Por cierto que tu padre se encontró a una persona que le gritó desde lejos "Tocayo", se saludaron y te envía muchos saludos a ti. Perdona a tu padre, pero no pudo recordar el nombre de la persona.

Tu primo Venancio se casó y resulta que le reza todas las noches a su novia porque es virgen.

A quien nunca hemos visto por acá es al tío Paco, el que murió el año pasado. El que nos tiene preocupados es tu perro Puky: se empeña en perseguir a los coches que están parados.

¿Recuerdas a tu amigo Clodomiro? Ya no está más en este mundo, su padre murió hace dos meses y pidió ser enterrado en el lago; tu amigo murió cavando la fosa en el fondo del lago.

Perdona la mala letra y las faltas de ortografía, pero me he cansado de escribir y ahora le estoy dictando a tu padre y ya sabes cómo es de bruto.

¡Muérete! Tu hermano Juancho cerró el coche y dejó las llaves adentro; tuvo que ir hasta la casa por el duplicado para poder sacarnos a todos del auto.

Tres de tus amigos que andan en la *pickup* se cayeron al río; el Rafa que estaba manejando se salvó porque logró bajar el vidrio y salir por la ventana, pero los otros dos se ahogaron porque estaban atrás y no pudieron abrir la portezuela trasera.

Por cierto, Rafa tuvo un accidente hace poco, pero la culpa fue de sus amigos. Resulta que iban en un camión descubierto todos juntos y alguien gritó: "Ahí viene la Ramona." Tu amigo Rafa, que siempre fue muy coqueto, por ver a la Ramona se asomó, y la ramona del árbol lo golpeó justo en la frente.

Bueno, hijo, no te pongo mi dirección en la carta porque no la sé. Resulta que la última familia de gallegos que vivió aquí se llevó los números para no tener que cambiar de domicilio.

Si ves a doña Remedios, dale saludos de mi parte; si no la ves, no le digas nada.

Tu madre que te quiere,

Marijose

P.D. Te iba a mandar 100 pesetas, pero ya he cerrado el sobre.

☺ Un japonés

Un japonés había sido campeón mundial de coito. Con ese título daba conferencias en todas las partes del mundo. Al llegar a Argentina, brinda una rueda de prensa y responde a las inquietudes de los periodistas gauchos:

—¿Qué piensa de la mujer argentina?

—Tielna.

—¿Y de la española?

—Aldiente.

—¿La italiana?

—Fogosa.

—¿La alemana?

—Flía.

—¿La sueca?

—Muy puta.

—¿La holandesa?

—Muy apestosa.

—¿La belga?

—¡Muy cansada, muy cansada!

☺ Economistas

Érase una vez dos economistas chinos que estaban de viaje en la ciudad de Nueva York. Una noche decidieron ir a un *table dance* y deleitar sus minúsculos ojos con la belleza de la mujer occidental. Al ser economistas y para no pagar la entrada en vano, acordaron que sólo uno de ellos entraría, y si el espectáculo valía la pena, el otro le avisaría al de afuera por medio del mesero.

El chinito que entró se maravilló con el lugar; no sólo utilizó la vista, sino que, aparte de la "barra libre", había libertad para "meter las manos en la masa". Después de una hora, finalmente le mandó a su amigo un mensaje en una servilleta que tenía escrito lo siguiente: "61, 31, 41, ÷ + 31 + 41, 20, 20, 20".

Cuando el chinito lo leyó, entró corriendo al lugar. El mesero se había quedado perplejo de que con sólo los números hubiera entendido el chinito y se fue a preguntarles a los chinitos qué significaba lo escrito en la servilleta, a lo que respondieron:

—¡Ah, muy sencillo! 61, 31, 11, ÷ + 31 + 41, 20, 20, 20. Se senta uno, tenta uno, calenta uno, entle más tenta uno, más calenta uno… vente, vente, vente.

😀 Era pibe

—¡Mamá, me violó un argentino!
   —¿Cómo sabes que era argentino?
   —¡Porque me obligó a darle las gracias!

😀 Más de gallegos

• ¿Por qué se murieron 326 gallegos en el mar?
   —Porque se paró el barco y se bajaron todos a empujar.

• ¿Qué hace un gallego con los ojos cerrados frente al espejo?
   —Está viendo cómo se duerme.

• ¿Por qué un gallego mira fijamente el empaque de jugo?

—Porque tiene escrito "concentrado".

•Luego de un parto, el doctor habla con el padre gallego de la criatura:

—Mire, hubo una pequeña complicación y tuvimos que ponerle oxígeno a su hijo.

—¡Oh no!, yo quería ponerle Manolo.

•—Pepa, ¿cómo es que se escribe "bala"?

—Pues como suena, Venancio.

Y Venancio escribió: PUM.

• ¿Cómo manda un gallego un fax confidencial?
—En sobre cerrado.

• Un gallego le dice a otro:
—Oye, Manolo, pásame el champú.
—Pero si ahí en el baño hay uno.
—Sí, hombre, pero éste es para cabello seco y yo ya me lo he mojao.

😁 Balseros

Un grupo de balseros se escapa de Cuba rumbo a Miami. En la mitad del océano, un viejito empieza a gritar que se siente mal, que se va a morir y que para despedirse de su natal Cuba quiere una bandera cubana.

Todos se miran y no saben de dónde sacar una bandera cubana. En eso, una bellísima mulata, conmovida, le dice al viejito:

—Mira, abuelo, no tenemos una bandera cubana, pero yo tengo una tatuada en una de mis pompis. Si la quieres ver, te la enseño para que te despidas.

El viejito asiente muy emocionado. La mulata se levanta la minifalda y le enseña la pompa y el viejito comienza a besársela y dice:

—¡Adiós, mi querida Cuba; adiós, mi patria natal!

Y así siguió besándola por unos 15 minutos. Luego mira a los ojos a la mulatica y le dice:

—¡Por favor, linda, date la vuelta, que me quiero despedir de mi comandante!

☺ El torero

En una tranquila ciudad de la Madre Patria vivía un torero cuyo mote era El Curro. Para su desgracia, muy cerca de su casa se mudó un simpático ciudadano japonés, quien al verlo y reconocer al famoso torero quiso saludarlo cordialmente; pero, claro, el japonés no pronunciaba muy bien la erre, y entonces en su saludo dijo así:

—¡Buenos días, señol Culo!

El torero, muy enojado, lo pasó por alto, pero al día siguiente el saludo se repite, y así por varios días. Molestísimo, El Curro compra un par de perros asesinos y los entrena para matar al pobre japonesito.

Un día el oriental advierte que los perros se le vienen encima y saca dos enormes dagas de entre sus ropas y se prepara para recibirlos. El torero se da cuenta de que el japonés les va a cortar el cuello a los perros y les chifla para que éstos regresen y los mete en su casa.

Esta situación se repite durante varios días hasta que, cansado el japonés por lo que pasa, presenta una denuncia en la delegación. El delegado le atiende personalmente y le pregunta cuál es su problema. El japonés le explica:

—Mile, señol delegado, mi denuncia es polque los pelos del Culo no me dejan caminal tlanquilo.

El delegado interpretó que la denuncia era una tontería y le dice al japonesito:

—¡Bueno, amigo, entonces córteselos!

A lo que el japonesito responde:

—Sí, eso es lo que quielo hacel, pelo cada vez que los voy a coltal, el Culo chifla y los pelos se van pala adentlo.

Descubrimientos

• El hombre descubrió las armas e inventó la caza, la mujer descubrió la caza e inventó los abrigos.

• El hombre descubrió el color e inventó la pintura, la mujer descubrió la pintura e inventó el maquillaje.

• El hombre descubrió la palabra e inventó la conversación, la mujer descubrió la conversación e inventó el chisme.

• El hombre descubrió el juego e inventó la baraja, la mujer descubrió la baraja e inventó la brujería.

• El hombre descubrió la agricultura e inventó la comida, la mujer descubrió la comida e inventó las dietas.

• El hombre descubrió la amistad e inventó el amor, la mujer descubrió el amor e inventó el matrimonio.

• El hombre descubrió a la mujer e inventó el sexo, la mujer descubrió el sexo e inventó los dolores de cabeza.

• El hombre descubrió el comercio e inventó el dinero, la mujer descubrió el dinero y… ahí se amoló todo.

 # Secuestro

Un padre de familia muy rico, con carros de todas las marcas y modelos, muy preocupado porque no podía salir a ninguna parte con su familia por la inseguridad de las carreteras, decide comprar un "vochito" para los fines de semana. Y le dice a su familia:

—En este carro no vamos a despertar sospechas.

Y así deciden salir de paseo a Cuernavaca, no sin antes advertirles:

—Si nos secuestran, decimos que yo soy panadero y que vivimos en una panadería de barrio, ¿okey?

Se van de paseo y efectivamente los secuestran y los interrogan a cada uno por separado.

A la pregunta de sus bienes materiales, el padre responde:

—Yo soy panadero y todo el sustento de mi familia proviene de lo poco que nos queda de la panadería.

La madre responde a su vez:

—Mi esposo es panadero y yo le ayudo en la panadería. De eso vivimos todos.

El hijo mayor por su parte dice:

—Yo me tuve que salir de estudiar para ayudar a mis padres en la panadería.

Y así todo iba muy bien hasta que le preguntaron al hijo menor:

—¿Y cómo se llama la panadería de tu papá?

—Bimbo.

☺ Henry Ford

Henry Ford muere y llega al cielo. En la puerta, San Pedro lo recibe y le dice:

—Bien, tú fuiste una persona muy buena y ni qué decir de tu invento. La línea de montaje para automóviles cambió al mundo. Como recompensa, puedes pasear a voluntad por todo el cielo; puedes ir a cualquier lugar.

Ford piensa un momento y le dice:

—Yo quiero estar junto a Dios un rato.

Entonces San Pedro le pide a un ángel que acompañe al señor Ford a la sala privada del Todopoderoso. Ford entra en la sala y le pregunta al Señor con toda reverencia:

—Señor, cuando inventaste a la mujer ¿en qué pensabas?

Intrigado, el Señor le pregunta:

—¿Qué quieres decir con eso?

Le responde Ford:

—Bueno, Señor, hay grandes problemas en el proyecto de invención:

"1. No existe modelo económico.

"2. Hace mucho ruido cuando se calienta.

"3. El mantenimiento es extremadamente caro.

"4. Necesita de constante pintura.

"5. Tiene que parar 5 días de cada 28.

"6. El sistema se tapa y es necesario anularle algunos tramos.

"7. El primer tercio de su vida útil se le caen las defensas delanteras y la trasera.

"8. Las vestiduras se cuartean a los pocos kilómetros.

"9. El consumo de combustible es asombroso.

"10. Es muy lento comparado con el otro modelo que hiciste.

"Y así, éstos son algunos problemas."

Dios le responde:

—Aguarda un minuto.

Dios va a la supercomputadora celestial, cliquea un icono de la pantalla y aguarda. Casi instantáneamente aparece un listado. Dios lee el informe y se da vuelta hacia Ford y le dice:

—Puede ser que mi proyecto tenga problemas, como tú dices, pero, aun así, en este preciso momento hay más hombres trepados en mi invento que en el tuyo.

☺ Nunca retes a las mujeres

La CIA tenía una vacante para el cargo de agente especializado. Después de evaluar a algunos aspirantes, quedan finalmente dos hombres y una mujer. Llega el día de la prueba final y para decidir quién se quedaba con la vacante, los agentes que administraban la prueba llevaron a uno de los hombres a una puerta grande de metal, le dieron un arma y le dijeron:

—Debemos confirmar que usted seguirá nuestras instrucciones, no importa bajo qué circunstancias. Dentro de este cuarto usted encontrará a su esposa sentada en una silla. Tome esta arma y mátela.

Con mirada de asombro, el hombre les dijo:

—Ustedes no pueden estar hablando en serio. Yo nunca podría matar a mi propia esposa.

Dijo un agente:

—Bien, entonces usted definitivamente no es la persona indicada para este trabajo.

Trajeron al otro hombre, le entregaron el arma y le explicaron lo que tenía que hacer. Algo sorprendido, el segundo hombre los miró, tomó el arma y entró en el cuarto.

Pasaron varios minutos y todo se mantuvo en silencio. Entonces se abrió la puerta y el hombre salió del cuarto con lágrimas en los ojos y dijo:

—Lo siento, pero no pude matar a mi esposa. Supongo que no soy el hombre adecuado para este trabajo.

Ahora sólo les quedaba la mujer, a la cual conducen al cuarto y antes de que entrara le dicen:

—Como prueba final, debemos estar seguros de que usted seguirá nuestras instrucciones sin importar las circunstancias. Dentro de este cuarto, usted encontrará a su esposo sentado en una silla. Tome esta arma y mátelo.

La mujer tomó el arma y abrió la puerta. Antes incluso de que ésta se cerrara, los agentes ecucharon la descarga de la pistola completita.

Entonces el mismo infierno se apoderó del cuarto: se escuchaban ruidos, gritos, desgarramientos, y al final un gran silencio. La puerta se abrió lentamente y ahí estaba la mujer, parada. Se limpió el sudor de la frente y dijo:

—No la amuelen, ya ni la hacen. Me hubieran dicho que la pistola tenía balas de salva; tuve que matarlo a trancazos con la silla.

☺ El fotógrafo

Una pareja llevaba muchos años de matrimonio y no había logrado tener familia. Tras consultar sin éxito a varios médicos, fueron a ver a un especialista muy renombrado quien, tras muchos estudios, les dijo que la única solución era que buscaran un padre sustituto.

Pregunta la señora:

—¿Y qué es un padre sustituto?

El doctor le responde:

—Es un hombre seleccionado con mucho cuidado y que hace, por única vez, las funciones del esposo para que la mujer quede embarazada.

La señora vacila un poco, pero su marido le dice al galeno que él no tiene ningún inconveniente con tal de ver realizada su ilusión de convertirse en padre.

Pocos días después, se contrata a un joven y se hace una cita para que al siguiente domingo por la mañana, cuando se ausente el marido de la casa, vaya y visite a la señora para cumplir con su tarea.

Sin embargo, sucedió que un fotógrafo de niños había sido llamado a una casa vecina para retratar a un bebé. Por azares del destino, el hombre se equivocó de domicilio y llegó al de la señora:

—¡Buenos días, señora! Vengo por lo del niño.

—Mmm, sí, pase usted. ¿Gusta tomar algo?

—No, muchas gracias; el alcohol no es bueno para mi trabajo. Lo que quisiera es comenzar cuanto antes. Puede ser ahí, pero también me gustaría una aquí, en la sala, dos en la alfombra y otra en el jardín.

La señora se alarmó:

—¿Pues cuántos van a ser?

Mientras sacaba del portafolios un álbum, el fotógrafo dijo:

—Por lo general son cinco en cada sesión, pero si la mamá coopera pueden ser más, todo depende. Me gustaría que viera antes algo de lo que he hecho.

"Tengo una técnica muy especial y única que les ha gustado mucho a mis clientas; por ejemplo, mire el retrato de este niño tan bonito, lo hice en un parque público a plena luz del día. ¡Cómo se juntó la gente para verme trabajar! Esa vez me ayudaron dos amigos, porque la señora era muy exigente y con nada le podía yo dar gusto y quedarle bien. Para colmo, una vez tuve que suspender el trabajo porque llegó una ardilla y comenzó a mordisquearme el equipo."

La señora, alarmadísima, escuchaba todo mientras el fotógrafo continuaba:

—Ahora vea estos mellizos. En esa ocasión sí que me lucí, todo lo hice en menos de cinco minutos: llegué, ¡paf!, dos tomas y mire los gemelos que me salieron.

La señora estaba cada vez más asustada oyendo al fotógrafo, quien proseguía:

—Con este niño batallé un poco más, porque la mamá era muy nerviosa. Yo le dije: "Mire señora, usted voltee hacia el otro lado y déjeme hacer todo a mí." Ella se volteó y así pude yo hacer mi trabajo.

A estas alturas la señora estaba a punto de desmayarse. El fotógrafo, que guardaba su álbum, le dice:

—¿Quiere que comencemos ya, señora?

—Cuando usted diga.

—Bien, voy por el tripoide

La señora, temblando, le dice:

—¡¿Tripoide!?

Y comenta muy tranquilo el fotógrafo:

—Sí, es que, usted sabe, mi aparato es muy grande y necesito un tripoide para apoyarlo y estabilizarlo, porque ni con las dos manos puedo sostenerlo bien… ¿Señora?, ¿señora?, ¿señoraaaa?…

☺ Definición

V = vaginas
I = insatisfechas
A = agradecen
G = gran
R = remedio
A = americano.

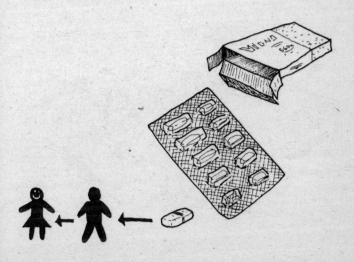

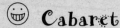 # Cabaret

Saliendo de un cabaret, una mujer con un indescriptible grado de alcohol en las venas, dando traspiés, llega a su automóvil, un precioso BMW, superelegante, y al no poder abrirlo se cae de un sentón en la banqueta.

Como no llevaba pantaletas, al caer al piso voltea a ver hacia bajo, mira su parte sexual y exclama:

—Por ti tengo este auto. Por ti tengo estas joyas. Por ti tengo dinero. Por ti tengo viajes. Por ti tengo a cualquier hombre.

Pero, a consecuencia del alcohol que tenía en las venas, de pronto se orinó. Asustada, voltea hacia bajo y dice:

—¿Por qué lloras, tonta, si no te estoy regañando?

☺ Bodas

Hasta hace poco odiaba ir a las bodas…

Todas mis tías y señoras mayores se me acercaban, picándome las costillas entre risas, para decirme:

—¡Tú sigues!

Dejaron de molestarme después de que yo empecé a decirles lo mismo en los velorios.

☺ En un depto

En un departamento vivían tres jóvenes; uno se llamaba Fer, otro Pepe y el último Juan.

Un día estaban Juan y Pepe solos y les avisaron que la mamá de Fer había fallecido, de modo que empezaron a decirse uno al otro:

—Dile tú, Pepe.

—No, mejor tú, Juan; yo soy muy malo para eso.

—Bueno, pues ni modo —dijo Juan.

Cuando llega Fer, le dice Juan:

—Oye, carnal, tú sabes que la vida da muchas vueltas y pueden ocurrir desgracias.

—No la amueles, carnal, no hables de eso; a mí no me gustan las desgracias.

—Pues sí, pero así es la vida. Mira, si Dios dijera que se tiene que morir tu mamá o la mía, ¿quién preferirías que se muriera?

—No la amueles, pues ninguna.

—No, carnal, piensa cuál.

—No, carnal, pues la tuya.

—Ándale, canijo, ¿ya ves? Por mala onda se murió la tuya.

☺ Reflexiones sobre un mexicano

Nosotros no hablamos español… Tampoco castellano. Hablamos mexicano. Si no lo creen, lean lo siguiente:

- El mexicano no se emborracha… se pone pedo.
- El mexicano no saluda… te dice: "¿Qué onda, güey?"
- El mexicano no tiene amigos… tiene bróders.
- El mexicano no se cae… se da un chin%/$&*.
- El mexicano no se burla… se caga de la risa.
- El mexicano no se enamora… se en%$la.
- El mexicano no convence… tira rollo.
- El mexicano no se lanza… se avienta.
- El mexicano no besuquea… faja.
- El mexicano no lame… mama.
- El mexicano no molesta… chinga.
- El mexicano no se baña… se da un regaderazo.
- El mexicano no se molesta… se enca$%/na.
- El mexicano no te golpea… te da un pu$%/.
- El mexicano no te ordena… te manda a güevo.
- El mexicano no tiene amantes… tiene cu$%/os.
- El mexicano no tiene diarrea… le da chorro.

- El mexicano no fracasa… la caga.
- El mexicano no sale corriendo… sale en chin%$.
- El mexicano no toma siestas… se jetea.
- El mexicano no se ríe a más no poder… se caga de la risa.
- Al mexicano no le es difícil… está ca$%/ón.
- El mexicano no va rápido… va hecho la madre.
- El mexicano no toma… se pone como cola de perro, o sea "hasta atrás".
- El mexicano no entra en acción… se agarra a madrazos.
- El mexicano no pide que lo lleven… pide aventón.
- El mexicano no es un tipo alegre… es poca madre.
- El mexicano no es un tipo tremendo… es un fregón.
- El mexicano no hace algo muy bien… se raya.
- El mexicano no es cualquier cosa… es mexicano, ¡ca%$/s!

☺ Feminismos

- ¿Por qué la araña viuda negra mata al macho después de copular?… Para evitar que comience a roncar.
- ¿Cuál es la forma más rápida de llegar al corazón de un hombre?… Directamente, a través de las costillas.

- ¿Por qué sólo el 10% de los hombres llegan al cielo?… Porque si todos llegaran, sería el infierno.
- Los hombres no maduran hasta que se casan… Y después se pudren.
- ¿Cómo hacer para que el gordo de tu marido haga abdominales?… Una vez que esté echado en el sofá, ponle el control remoto sobre las rodillas.
- ¿Por qué los hombres se sientan con las piernas abiertas?… Porque si las cierran se apachurran el cerebro.
- ¿Cómo logras que un hombre deje de acosarte sexualmente?… ¡Casándote con él!
- ¿Cómo se le llama a un hombre que espera tener sexo en la segunda cita?… ¡Lento!
- Antes de que el dinero fuera inventado, ¿qué les verían las mujeres a los hombres?
- Las mujeres tienen muchos defectos, los hombres sólo dos: todo lo que hacen y todo lo que dicen.
- Las mujeres solteras se quejan de que los hombres buenos están casados, las mujeres casadas se quejan de que sus maridos no sirven para nada. Esto prueba que los hombres buenos no existen.
- ¿Por qué se suspendería la práctica de la circuncisión?… Porque los médicos temen que pueda causar daño cerebral.
- ¿Cómo se llama a un hombre que ha perdido el 99% de sus facultades mentales?… ¡Castrado!
- Querida, ¿quieres que te traiga el desayuno a la cama?… ¡No, jamás he quedado satisfecha en la cama!

• ¿En qué se parecen los hombres a un horno de microondas?… En que se calientan en 15 segundos.

• El 99% de los hombres le da una mala reputación al resto.

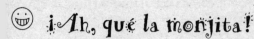 ## ¡Ah, qué la monjita!

Un monjita se sube a un taxi en medio de la noche en la ciudad de Nueva York. Durante todo el camino, el taxista la mira por el espejo. La monjita se da cuenta y le pregunta:

—Hijo, ¿qué es lo que ves?

—Perdón, madre, me da mucha pena decírselo, yo no quisiera ofenderla…

—Hijo mío, en la vida yo he visto muchas cosas y no creo que puedas decirme algo que me pueda ofender.

—Mire, madre, yo toda la vida he tenido la fantasía de que una monja me haga sexo oral.

La monjita se queda pensando un momento y dice:

—Pues no lo sé; en primer lugar tendrías que ser católico, y después ser soltero.

El taxista se emociona y muy contento le responde:

—¡Sí, soy católico y soltero!

—Bueno, pues detente en aquel callejón.

El taxista se mete en el callejón, donde la monja cumple su deseo. Después regresan al camino, pero la monja se da cuenta de que el taxista empieza a llorar, y le pregunta:

—Hijo, ¿qué te pasa?

—¡Perdóneme, madre, he pecado! Soy judío y estoy casado.

—No te preocupes, yo me llamo Arturo y voy a una fiesta de disfraces.

☺ Junta de emergencia

Jesús, muy preocupado, llama a sus apóstoles a una junta de emergencia por el alto consumo de drogas que hay en la Tierra. Después de mucho pensar, llegan a la conclusión de que lo mejor para poder enfrentar el problema es probar la droga ellos mismos y después tomar las medidas pertinentes.

Se decide que una comisión de apóstoles baje otra vez a la Tierra y consigan diferentes tipos de drogas. La operación se realiza en el máximo de los secretos, y a los pocos días empiezan a regresar los comisionados.

Jesús espera en la puerta y llegan los primeros apóstoles:

—¿Quién es?

—Soy Pablo.

Jesús abre la puerta:

—¿Y tú qué traes, Pablo?

—Traigo hashís de Marruecos.

—Muy bien, hijo, entra.

—¿Quién es?

—Soy Marcos.

Jesús abre la puerta:

—¿Y tú qué traes, Marcos?

—Traigo cocaína de Colombia.

—Muy bien, hijo, entra.

—¿Quién es?

—Soy Mateo.

Jesús abre la puerta:

—¿Y tú qué traes, Mateo?
—Traigo crack de Nueva York.
—Muy bien, hijo, entra.
—¿Quién es?
—Soy Juan.
Jesús abre la puerta:
—¿Y tú qué traes, Juan?
—Traigo mariguana de Bolivia.
—Muy bien, hijo, entra.
—¿Quién es?
—Soy Lucas.
Jesús abre la puerta:
—¿Y tú qué traes, Lucas?
—Traigo espid de Amsterdam.
—Muy bien, hijo, entra.
—¿Quién es?
—Soy Judas.
Jesús abre la puerta:
—¿Y tú qué traes, Judas?
—¡Traigo a la DEA, así que todos contra la pared!

☺ ¿Soltera?

Una chava entra en el supermercado y compra lo siguiente:

—Una barra de jabón.
—Un cepillo de dientes.
—Un tubo de pasta dental.

—Una lata de atún.
—Un teleguía.
—Una barra de pan.
—Una caja de *hot cakes*.
—Un litro de leche.
—Una ración de cereal.
—Una cena congelada individual.
Al llegar a la caja, el cajero la mira y dice:
—Soltera, ¡¿ehh?!
La chava sonríe ingenuamente y contesta:
—¿Cómo lo supiste?
Él le contesta:
—¡Pues porque estás muy fea!

☺ Boda real

Una mujer va a visitar al cura y le dice:
—Señor cura, quisiera me dijera cuál es la fecha más cercana para que oficie una boda, mi boda. Ya tenemos todo listo: los padrinos, la bebida, la cena, la orquesta, el salón y, por supuesto, también el hermoso vestido blanco que usted jamás haya visto.
El sacerdote, en tono vacilante, responde:
—¡Hija, tú no puedes casarte por la iglesia, y menos de blanco; ésta es tu quinta boda!
—Sí puedo, padre, ya que nunca se ha consumado realmente mi matrimonio. Le voy a explicar: la primera ocasión me casé con un hombre de la PGR: puras

pi$%s calenturas. La segunda vez me casé con un hombre del PRI: puro dedazo. La tercera fue con un hombre del PRD: pura lengua. En la cuarta, con un hombre del PAN: al principio iba bien y ya estando arriba se atontaba. Pero en esta ocasión será diferente, puesto que me casaré con uno de Hacienda, y ésos de que te co$%n, te co$%n.

☺ El borrachito y el micro

Un borrachito se sube a un microbús y empieza a gritar:

—¡Estos hijos de $/&# que van aquí atrás son maricones! ¡Los pen#$%s desdichados que están a mi lado son unos ca$%s! ¡Los pen$%/s que van adelante son todos unos come caca!

A estas alturas el chofer, indignado, frena bruscamente y, claro, las personas se desequilibran: unas caen, otras se pegan contra la ventana, los que van parados chocan unos con otros, etcétera.

Pero el chofer para el microbús, toma al borracho por el cuello de la camisa y le pregunta:

—¡Repite, si te atreves, desdichado! ¿Quién es maricón, ca$%s, pen$%/s, come caca e hijos de $/&#…?

Y el borrachito contesta muy tranquilo:

—La verdad es que no sé; con este frenazo los mezclaste a todos.

Mexicanos

Están dos mexicanos tomando una cerveza y uno le dice a otro:

—¡Que viva la menstruación!

—Compadre, querrá decir que viva la Revolución.

—Es lo mismo, lo importante es que corra sangre.

 ## Doctor

Va una mujer al doctor y le dice:

—Doctor, déme algo para que mi marido se ponga como un toro.

Y el doctor le responde:

—Bueno, desnúdese, vamos a empezar por los cuernos.

Circo

En un circo, arriba del escenario hay un hombre y un cocodrilo. El cocodrilo abre grande la boca y el hombre pone su miembro adentro. Mira al público y pregunta:

—¿Hay alguien que se atreva a hacer lo mismo?

Se levanta un tipo y dice:

—Yo me atrevo, pero no sé si voy a poder abrir tan grande la boca.

☺ Clase de medicina

En la clase de medicina, pregunta el profesor:

—¿Quién puede decirme el órgano del cuerpo que puede agrandar nueve veces su propio tamaño?

Toda la clase se queda en silencio y una chava muy tímida levanta la mano y dice:

—El pene.

Y el profesor responde:

—¡No! Es la pupila, pero de cualquier forma felicíteme a su novio.

☺ Clase de anatomía

Estaba el maestro dando una clase de anatomía masculina y pregunta al azar:

—¿Cuántos mililitros salen en una eyaculación?

Los alumnos se quedan callados y después de un prolongado silencio una alumna dice:

—Quinientos mililitros, profe.

A lo que el maestro responde:

—Señorita, creo que a usted la mearon.

Lo bueno, lo malo y lo peor

Malo: Encuentras una película porno en el cuarto de tu hijo.
   Peor: Tú eres el protagonista.

Malo: Tus hijos son sexualmente activos.
Peor: Entre ellos.

Malo: Tu esposa quiere el divorcio.
Peor: Es abogada.

Malo: Tu esposa te dejó.
Peor: Por otra mujer.

Malo: No encuentras tu vibrador.
Peor: Tu hija lo tomó.

Malo: Tu esposa está enferma.
Peor: De ti.

Malo: Tu "cosita" sólo mide 5 cm.
Peor: Erecta.

Malo: Al maestro le agrada tu hijo.
Peor: Sexualmente.

Malo: Fuiste a un estripshow.
Peor: Tu hija lo encabeza.

Malo: Tu hija practica sexo seguro.
Peor: Tiene sólo 11 años.

Bueno: Tu vecina hace ejercicio desnuda.
Malo: Pesa 135 kilos.

Bueno: A tu esposa le gusta el sexo al aire libre.
Malo: Viven en un multifamiliar.

Bueno: Tu esposa acaba de experimentar su primer orgasmo.
Malo: Con el cartero.

Bueno: Tu esposa tiene el estómago plano.
Malo: Y el pecho también.

Bueno: Tu novia tiene el cabello rubio, suave y largo.
Malo: Bajo el brazo.

☺ Versitos

Éste es un homenaje a los poetas anónimos de los baños públicos. Vaya esta selección de *graffitis*:

No hay placer más exquisito
que cagar bien despacito.

Los escritores de baño
son poetas de ocasión
que buscan entre la mierda
su fuente de inspiración.

Vos que os crees sagaz
y de todo os reís
decidme si sois capaz
de cagar y no hacer pis.

En este lugar sagrado
donde la gente acude
la chica se pasa el dedo
y el tipo se lo sacude.

Caga tranquilo,
caga sin pena,
pero no se te olvide
jalar la cadena.

El tipo que aquí se sienta
y de escribir versos se acuerda,
no me venga a decir
que no es un poeta de mierda.

Ni la mierda es pintura
ni los dedos pinceles;
por favor, hijos de p$%a,
límpiense con papeles.

Caguen tranquilos,
caguen contentos,
pero, hijos de p$%a,
caguen adentro.

Estoy sentado en cuclillas
en este maldito hoyo,
¿quién fue el hijo de mil p$%s
que se terminó el rollo?

• ¿En qué se parecen los chícharos a los vellos púbicos?
* En que, por más que los hagas a un lado, terminas por comerte uno.

• ¿Sabes cuándo descubrió Pinocho que era de madera?
* Cuando se masturbó y se prendió.

• ¿Qué le dijo la vaca a un toro que se estaba ahogando?
* ¡Nada, buey!

• ¿Qué es más moderno: la vagina o el pene?
* La vagina, porque el pene es manual y la vagina digital.

• ¿Por qué los mexicanos no van a las Olimpiadas?
* Porque los que saben nadar y los que corren bien ya se cruzaron a los Estados Unidos.

• ¿Por qué las gallinas quieren tanto a sus pollitos?
* Porque les han costado un huevo.

• ¿Cuál es el hijo *gay* de Godzila?
* Barney.

☺ Prostituta

Un policía le pregunta a una prostituta:
—¿Qué haría tu madre si te viera aquí?
—¡Me mataría! ¡Ésta es su esquina!

☺ Algunas razones de por qué es mejor una torta que una mujer:

1. Puedes compartir tu torta con los amigos.
    2. A una torta no le importa que la olvides en la casa.
    3. La torta siempre sabe qué trae y no cambiará de opinión al respecto.

4. Las tortas no se van.

5. Es más barato ir al cine con una torta (y echártela sin preocupación).

6. No protesta si le metes el dedo para acomodarle el aguacate.

7. Una torta no se pone celosa si después de echártela te quedas con ganas de comerte otra diferente.

8. Una torta no se ofende si no te la comes porque huele a cebolla.

9. Una torta no se enoja si le dices que tiene poca pechuga, mucha grasa o poca pierna.

10. A una torta no le importa que la dejes a la mitad, te levantes y te vayas.

11. Puedes comerte una cada semana sin sentirte culpable.

12. La torta no te ocupa media cama.

13. No tienes que bañarte ni lavarte los dientes para poder comértela.

14. Puedes estar completamente seguro de que tú eres el primero en comértela.

15. Si te comes una torta y te cae mal, sólo tienes que aguantarla cinco horas.

16. Nunca te van a arrestar por comerte una torta en el auto.

17. Una torta es mucho mejor gordota.

18. Puedes conseguir una torta en cinco minutos aunque estés feísimo.

19. Una torta siempre se ve buena, a la hora que sea.

20. Nunca tendrás problemas para calentar una torta.

21. La torta nunca discute si es demasiado pronto para comértela.

22. La torta no espera "cariñitos" después de comértela.

23. A la torta no le importa si piensas en otra cosa a la hora de comértela.

24. Si la torta se hace vieja, la puedes tirar.

25. A una torta no le importa que te la comas frente a otras personas.

26. A la torta te la puedes comer sin problemas acompañado de una Chaparrita.

27. Una torta ahogada no te provoca remordimiento de conciencia.

28. A la torta no le importa de qué humor estés, de todos modos se deja comer.

😀 **impuestos**

Hasta el momento, una de las pocas cosas que la Secretaría de Hacienda ha dejado libre de impuestos es el pene. En gran parte se debe a que el 40% del tiempo se la pasa "apachurrado" por el desempleo; un 30% "tenso" por la dura situación; el 20% "meando", y el 10% restante en el hoyo.

Por si fuera poco, tiene dos dependientes que son verdaderamente huevo$%s. Por tal motivo se está considerando que entre en vigor la Nueva Ley Federal de Impuestos sobre el Pene (ISP), cuyo monto dependerá del tamaño:

* Impuesto de Lujo (25 a 30 cm) = $600.00.
* Impuesto Privilegiado (20 a 24 cm) = $300.00.
* Impuesto Funcional (15 a 19 cm) = $150.00.
* Impuesto Peor es Nada (10 a 14 cm) = $75.00.
* Aquellos que excedan los 30 cm deberán registrarse como contribuyentes mayores.
* Aquellos que no alcancen ni los 10 cm tendrán derecho a subsidio.
* La masturbación está considerada Evasión de Impuestos.
* Los condones se consideran como Ropa de Trabajo.
* A quienes sufren de eyaculación precoz se les multará hasta con 20 días de salario mínimo.
* Aquellos que sufren de impotencia quedarán exentos de este impuesto siempre y cuando sea comprobado ante notario público. (Deberán presentar el Formato R-1, cinco videos de intentos fallidos y 20 testigos.)

Cualquier duda que tenga, favor de comunicarse con nosotros. Con gusto le recibiremos y le daremos una gran acogida en nuestras oficinas. Estamos a sus órdenes en:

Coyote Cojo número 41
Colonia Lomas Turbas
San Goloteo El Grande
Teléfono: 01 800 2020 PENE

Sin más por el momento, me despido de usted con un saludo y una reflexión: "No importa lo grande o lo grueso, sino lo que dure tieso."
Atentamente,
A. Gárrame el Pizarrín.

 ## De promoción

Un repartidor de una marca pretigiada de refrescos de cola va por su ruta y una monumental chava le pide un aventón. El repartidor la recoge y cuando llegan al destino de la chava, ésta le agradece eternamente y le ofrece su cuerpo como pago por el favor de haberla llevado.

Raudo y veloz, el repartidor frena y se le tira encima... Pero la chava amaba la naturaleza y quiso hacerlo a pleno sol. A toda velocidad el tipo saca del camión la lona del prestigiado refresco de cola, toma cuatro cajas de refresco y pone una en cada punto de la lona para que no se la lleve el viento. La chava se quita la poca ropa que llevaba, se acuesta en medio de la lona y el repartidor se pone a trabajar.

Tan mala suerte tiene el tipo que, en medio del asunto, la chava se desmaya de placer. El repartidor huye despavorido, dejando el cuerpo inconsciente, creyéndola muerta, temiendo que lo acusen de asesinato.

A los cinco minutos pasa un auto y frena. Cuatro tipos, al ver la situación, se bajan y empiezan a fornicar repetidamente a la chava.

Una vez concluida la faena, mientras se tomaban un refresco, uno de ellos les dice al resto:

—¡Éstas sí son promociones!, no la competencia con sus mugres corcholatitas.

☺ *Avión*

Un avión va despegando y el piloto habla por el micrófono:

—Señores pasajeros, por favor absténganse de fumar, apaguen sus celulares, abrochen sus cinturones de seguridad…

Pero se le olvida desconectar el micrófono y empieza a decirle al copiloto:

—¡Ay, caray! Ahorita pongo el piloto automático, me echo un taco y me fajo a la sobrecargo…

Todo el avión lo estaba oyendo. La sobrecargo sale corriendo para decirle al piloto que apague el micrófono, pero una viejita le mete el pie y ¡zas!, azota la sobrecargo.

La viejita le dice:

—¡Quieta, piruja! ¡Dijo que primero iba a comer!

¿Qué es el sexo?

• Según los médicos, es una enfermedad, porque uno siempre termina en la cama.

• Según los abogados, es una injusticia, porque siempre hay uno arriba y otro abajo.

• Según los ingenieros, es una máquina, porque es la única que trabaja cuando se para.

• Según los arquitectos, es un error, porque la zona de entretenimiento está al lado del desagüe.

• Según los políticos, es la democracia perfecta, porque goza tanto el que está arriba como el que está abajo.

• Según los economistas, es una mala inversión, porque es más lo que entra que lo que sale.

• Según los matemáticos, es la ecuación matemática perfecta, porque la mujer eleva el miembro a su máxima potencia, lo encierra entre paréntesis, le extrae el factor común y luego lo reduce a su mínima expresión.

☺ Bebidas baratas

Un tipo entra en un bar y pide una cerveza. El encargado del bar le cobra 15 centavos. Aunque confundido por lo bajo del precio, el hombre paga.

Después de un rato, pide otra cerveza y una carne asada. El cantinero le cobra 50 centavos: 15 por la cerveza y 35 por la carne.

Tras terminar su cerveza y su comida, el tipo llama al cantinero y le dice:

—¡Oiga, ésta fue la mejor carne asada que he comido en mi vida, y seguramente la más barata! Me gustaría hablar con el dueño para agradecerle.

—No hay problema, el dueño está en el piso de arriba con mi esposa.

—¿Y qué hace el dueño allá arriba con su esposa?

—Probablemente lo mismo que yo hago con su negocio aquí abajo.

☺ Parentescos

• ¿En qué se parece una guitarra a una mujer?

 * En que la guitarra se enchufa, se calienta y se toca… y la mujer es al revés.

• ¿Cuál es la diferencia entre una mujer en bikini antiguo y las de ahora?

* Que antes había que abrirle el traje de baño para verle las pompis y ahora hay que abrirles las pompis para verles el traje de baño.

• ¿En qué se parece una mujer a una computadora?
* En que no piensan nada, pero ¡qué memoria!

• ¿En qué se parece el 69 a las mafias?
* En que si te pasas de lengua te vas a la mier…

• ¿Cuál es la diferencia entre un proctólogo y un ginecólogo?
* El *bouquet*.

• ¿Por qué el pene no puede ser presidente?
* Porque tiene muchos pen…s que lo rodean, dos huevo$%# a sus costados y un soplón atrás.

• ¿En qué se diferencia un argentino de un terrorista?
* En que el terrorista tiene simpatizantes.

• ¿Qué le tiran a un argentino cuando se está ahogando?
* El resto de su familia.

• ¿Qué diferencia hay entre una argentina y una pila?
* Que la pila tiene un lado positivo.

☺ Una familia de tantas

Una familia mexicana tiene un grandioso acontecimiento: el nacimiento de unos gemelitos. Al paso del tiempo se dan cuenta de que uno de ellos es sordomudo, por lo que el abnegado padre se pone a trabajar muy duro y con el tiempo junta lo suficiente para mandar a su mujer y a su hijito sordomudo a los Estados Unidos, a una clínica especializada.

Al llegar éstos a Nueva York y al pasar cerca del Yankee Stadium, se oye un fuerte golpe y de pronto le cae al sordito una pelota de beisbol en la mera cabeza. Éste se levanta del suelo y exclama:

—¡Ch%$ a tu madre!

La señora, toda emocionada, inmediatamente se dirige al telégrafo y le manda el siguiente mensaje a su marido: "El niño habló: '¡Ch%$ a tu madre!'"

Al día siguiente recibe la respuesta del padre: "¡Ch%$ a la tuya!, te llévaste al que habla, taruga."

☺ Nueva York, año 2032

Un papá pasea por las calles de Manhattan con su pequeño hijo. Al detenerse en un sitio vacío, le comenta a éste:

—¡Pensar que hace tiempo aquí estuvieron las Torres Gemelas...!

Intrigado por el comentario, el hijo pregunta:

—Papá, ¿qué eran las Torres Gemelas?

—Querido hijo, las Torres Gemelas eran dos edificios gigantes con muchas oficinas, pero hace 31 años unos árabes terroristas las derribaron.

El hijo se queda pensando un instante y vuelve a preguntar:

—Papá, ¿qué eran los árabes?

☺ Médico rural

Un médico rural es enviado a un pueblito alejado de la civilización. Los días pasaban y los únicos casos que atendía el doctor en el dispensario eran de hombres.

Al tomar confianza con uno de ellos, le preguntó cómo era que ellos satisfacían sus necesidades sexuales. El señor, sin dar explicaciones adicionales, dijo que iban al río el domingo.

Cuando llegó el domingo, el doctor se acercó al río por curiosidad y vio una fila de muchos hombres, todos cerca del río.

Al aproximarse al último de la fila, éste le cedió muy amablemente su puesto, diciéndole:

—¡Adelante, doctor!

Y así sucesivamente, todos le fueron cediendo el puesto por amabilidad y por ser el invitado de honor.

Al llegar a la orilla del río, el médico se encontró con una burra y, horrorizado, no sabía qué actitud tomar. Miró hacia atrás y los hombres le decían:

—¡Déle doctor, que es su turno!

Para no rechazarlos, empezó a fornicar con la burra.

El tiempo pasaba y el doctor no acababa. Los hombres se le acercaron, pero al ver que seguía fornicando sin señal alguna de acabar, uno de ellos le dijo:

—Doctor, ¿le falta mucho con la burra? Es que nos hace falta para cruzar el río, porque del otro lado están las prostis que nos están esperando.

😁 Compadres

Va un señor a visitar a su compadre al hospital porque se enteró de que había tenido un accidente. Ya estando en la habitación, le pregunta al compadre:

—¿Qué le pasó, compadre?

El compadre, enseñándole una cortada en la cabeza, le contesta:

—Mire, fue hecho con el cuerno de una jirafa.

El compadre se sorprende con semejante explicación, y no bien alcanza a reponerse cuando el enfermo le muestra un moretón en el estómago y le dice:

—¿Ve esto? Pues fue con una pata de caballo salvaje.

El compadre estaba asombradísimo. El enfermo le enseña después un orificio en la parte superior de la espalda y le pregunta:

—¿Alcanza a ver esto, compadre? Fue un cuerno de rinoceronte.

El compadre no resiste más la intriga y con enorme curiosidad pregunta:

—¿Pos dónde andaba, compadre? ¿En un safari?

—¡No, compadre, es que me subí bien briago a un condenado carrusel!

😁 La viejita y la botica

Llega un joven con cara de angustia a la farmacia, la cual era atendida por una viejita. El chavo le dice a la señora:

—Señora, tengo una erección permanente, ¿qué me puede dar?

La viejita abre desmesuradamente los ojos y responde con voz entrecortada:

—Pues mira, lo único que te puedo dar es esta farmacia y un terrenito que tengo en la otra colonia.

😁 Psiquiatra

Una señora va muy preocupada a ver al psiquiatra. Estando ya en el consultorio le comenta:

—Doctor, mi marido es un jijo de su tal por cual!

El galeno le pregunta:

—Señora, ¿por qué dice eso? ¿Qué le ha hecho?

—Él, él me besó…

—¿Pero cómo?… A ver, hagamos algo.

El doctor la toma, la besa y le pregunta:

—¿Acaso soy un jijo de mi tal por cual?

—No doctor, pero él me hizo el amor.

El doctor desnuda a la mujer, le hace el amor y le vuelve a preguntar:

—Y bien, ¿soy acaso un jijo de mi tal por cual?

—No, doctor, pero él tiene sida.

—¡Ah, jijo de su tal por cual!

☺ Náufragos

En un bote a la deriva se encontraban unos náufragos que tenían varios días sin comer. De improviso, uno de ellos saca un cuchillo y comienza a gritar desesperado:

—¡Me muero de hambre, ya no puedo más, me voy a cortar el pito y me lo voy a comer!

Sus compañeros, alarmados al ver que aquél está a punto de mutilarse, le ruegan:

—¡No, no lo hagas! ¡Piensa en tu novia!

Conmovido por las palabras de sus compañeros, el tipo suelta el cuchillo y dice:

—Tienen razón, no me lo cortaré.

A lo que los compañeros responden:

—No, mano, que pienses en tu novia para que se te pare y así nos alcance a todos.

☺ Los siete enanitos

Los siete enanitos están de viaje por Europa y han llegado al Vaticano. Al estar ahí, piden una audiencia con el Papa, el cual se la concedió de inmediato, pues allá también son famosos los siete enanitos y Blanca Nieves.

Entran los enanitos a su audiencia con el Papa, encabezados por Gruñón. El Papa los saluda y les pregunta:

—Queridos hermanos, ¿quieren preguntarme algo? ¿Hay algo que los inquiete?

Gruñón se adelanta:

—Su Santidad, querríamos saber si en el Vaticano hay monjas enanas.

A lo que el Papa responde, sorprendido:

—Pues no, en el Vaticano no hay monjas enanas.

Se oyen risitas y murmullos entre los demás enanitos. Gruñón los mira molesto y todos se callan. Vuelve a preguntar Gruñón:

—¿Y en Roma hay monjas enanas?

El Papa responde nuevamente con santa paciencia: —No, querido hijo; que yo sepa, en Roma no hay monjas enanas.

Los demás enanitos estallan en carcajadas mientras Gruñón se va poniendo colorado y vuelve a preguntar:

—¿Y en toda Europa no hay monjas enanas?

El Papa responde:

—No, querido hijo; seguro que en toda Europa no hay monjas enanas.

Los enanitos se ríen a todo lo que dan, saltan y se abrazan unos a otros mientras cantan a coro:

—¡Gruñón se co#$ a un pingüino! ¡Gruñón se co#$ a un pingüino! ¡Gruñón se co#$ a un pingüino!

😁 Dos animales

Dos amigos están platicando y uno le dice al otro:

—¿A que no sabes cuál es el animal que es dos en uno?

—¡Humm…, no, no tengo idea!

El amigo responde:

—Pues el gato.

—¿Por qué? —pregunta el otro.

—Pues porque es gato y araña.

—¡Ahhh, entonces es como tu hermana!

—¿Cómo que mi hermana?

—Sí, porque es zorra y cobra.

Perdidos por completo

Tres amigos se pierden en la selva y son encontrados por unos caníbales. Los salvajes ofrecen perdonarlos si cada uno de ellos trae de la jungla diez frutos del mismo tipo.

El primero de los amigos llega con diez mangos y el jefe de la tribu caníbal le ordena meterse uno por uno en el trasero, aunque le advierte que si hace algún gesto se lo comerán en el acto.

El pobre hombre empieza con el castigo, pero al llegar al cuarto mango no aguanta el dolor y comienza a llorar. Los caníbales se lo comen de inmediato.

El segundo de los amigos llega con diez naranjas y es sometido a la misma prueba. Respira profundamente y comienza a introducirse las naranjas poco a poco, sin hacer el menor gesto, pero cuando llega a la novena estalla en carcajadas. El jefe caníbal le pregunta, sorprendido:

—Ya casi terminas, ¿qué pasó?

—Jefe, no puedo evitar reírme imaginándome la cara de mi otro amigo, porque trae piñas.

Tartamudos

Está un caballero en la delegación y va a sacar su licencia de manejo cuando la encargada le pregunta:

—¿Cuál es su nombre?

119

—Pepepedro Pepepérez.

—¿Es usted tartamudo? —pregunta la empleada

—¡No, el tartamudo era mi padre, y el del registro un imbécil!

😀 ¡En la boda!

Un tipo le comenta a otra persona en la boda:

—Oiga, ¿ya se fijó que la novia es horrible?

—¡Óigame!, ¿qué le pasa?, ¡no se exprese así de mi hija!

A lo que el caballero responde:

—¡Usted perdone, no pensé que usted fuera el padre!

—¡No soy el padre, soy la madre!

😀 El dañino whisky

Estaba una chava muy linda en una fiesta y se le acerca el mesero a ofrecerle más whisky:

—Señorita, ¿gusta usted más whisky?

A lo que la chava responde:

—¡No, gracias, me hace daño para las piernas!

—¿Se le entumen? —inquiere el mesero.

—No, se me abren.

☺ La técnica

Un tipo le dice a un amigo:

—Estoy muy preocupado. Mi esposa se desconecta y pierde interés cada vez que hacemos el amor y no sé qué hacer.

El amigo le responde:

—Pero, Juan, a mí me pasaba lo mismo con mi mujer, y lo que hice fue que, cuando estamos haciendo el amor y veo que ella está perdiendo interés, saco mi pistola y hecho un tiro al aire. Del susto, mi mujer se excita de nuevo y terminamos genial. Haz la prueba; toma, te presto mi pistola.

Al día siguiente se vuelven a encontrar y el amigo le pregunta a Juan:

—¿Y qué, cómo te fue con mi técnica?

Juan responde:

—¡Ni me hables! Estábamos haciendo el 69 y, cuando vi que mi mujer se desanimaba, saqué la pistola y eché un tiro al aire. Pero del susto se hizo popó en mi cara, me mordió un testículo y, para completar, del clóset salió un tipo desnudo y, con las manos arriba, empezó a pedir perdón.

Dos mujeres

Dos mujeres se movían muy de prisa en el supermercado. Al chocar sus carritos de compras, una le dice a la otra:

—¡Perdóname, es que busco a mi marido!

La otra le responde:

—¡Qué coincidencia! Yo también busco al mío y estoy desesperada. Bueno, tal vez te pueda ayudar, ¿cómo es tu marido?

—Alto, de 35 años, de pelo negro azabache, ojos azules, brazos y piernas trabajadas, espalda ancha, nalga firme, en fin… ¿Y el tuyo?

—¡Al carajo con el mío! ¡Vamos a buscar al tuyo!

Amigos

Manolo está platicando con su mejor amigo y, al notar que éste tiene cara de preocupación, le pregunta:

—¿Qué te pasa, Juan? ¿Tienes algún problema?

A lo que el amigo contesta:

—Lo que tengo es una frustración del carajo, Manolo. Estaba orgulloso de cómo se ponía mi mujer cuando alcanzaba el orgasmo, era una cosa tremenda: cómo se estremecía, brincaba, soltaba quejidos, ponía los ojos en blanco…

—¿Y descubriste que todo era fingido?

—No, descubrí que es epiléptica.

☺ El cartero

Era el último día de trabajo de Polito, el cartero, después de 35 años de llevar la correspondencia al mismo barrio.

Cuando llegó a la primera casa de su ruta, fue recibido por la familia entera, quienes lo rodearon y con aplausos lo felicitaron y le dieron un regalo.

En la segunda casa le regalaron una caja de puros finos. En la tercera fue recibido en la puerta por una hermosa mujer que vestía un revelador neglillé. La dama lo tomó de la mano y lo llevó dentro, hasta la recámara, donde le hizo el amor desaforadamente.

Cuando él tuvo suficiente, bajaron las escaleras y fueron a la cocina, donde ella preparó un gran desayuno. Debajo de la taza de café, Polito descubrió de pronto que había un billete de $20.00.

Muy sorprendido, el cartero le comenta a la señora:

—No tengo palabras para decirle lo maravilloso que ha sido todo esto, pero ¿para qué es este billete?

La señora le responde, despreocupada:

—Anoche le comenté a mi esposo que hoy sería su último día como cartero y que debíamos hacer algo especial por usted. Le pregunté qué podría darle y él me dijo: "¡A joder con él y dale 20 pinches pesos!" Y bueno, el desayuno fue idea mía.

☺ Solterona

Una viejita solterona consulta a su abogado para hacer su testamento. El abogado le pregunta:

—¿Cuáles son sus propiedades y cómo desea distribuirlas en el testamento?

—Aparte de los muebles, tengo una cuenta de ahorros con 50 mil dólares.

A lo que el abogado inquiere:

—¿Y qué piensa hacer con ese dinero?

La solterona responde:

—Bueno, yo he vivido una vida muy recluida. La gente del barrio no sabe ni quién soy. Me gustaría apartar 45 mil para mi funeral.

—Muy bien, pero dígame, ¿qué piensa hacer con los otros 5 mil?

—Pues como nunca me he acostado con ningún hombre, me gustaría usar ese dinero para conseguir a uno que se acueste conmigo. ¿Usted cree poder conseguirme a alguien?

Esa noche, cuando el abogado le contó a su esposa la extraña petición de la solterona, la esposa le insinuó lo mucho que podrían hacer con 5 mil dólares extras.

Después de convencerlo, acordaron que él iba a ganarse ese dinero, no sin antes advertirle:

—Te voy a llevar a la casa de la solterona mañana tempranito, pero te voy a esperar a que termines.

A la mañana siguiente, la mujer lo llevó a la casa de la solterona y lo esperó en el auto. Pasaron tres horas y como el esposo no salía, la mujer, desesperada, comenzó a tocar el claxon.

El esposo se asomó por la ventana para gritarle:

—¡Ven a recogerme mañana en la mañana! ¡Ya la convencí de que la entierren en la fosa común!

En el banco

Una viejecita fue un día al banco llevando su bolsa hasta el tope de dinero en efectivo. Insistía ante la ventanilla en que quería hablar única y exclusivamente con el gerente del banco para abrir una cuenta de ahorros, para lo cual argumentaba:

—¡Usted comprenda, es mucho dinero!

Después de mucho insistir, la llevaron a la oficina del gerente. Éste le preguntó cuál era la cantidad con la que quería abrir su cuenta.

Ella le dijo que 165 mil dólares, y acto seguido vació su bolsa encima de la mesa. Naturalmente, el gerente sintió gran curiosidad por saber de dónde había obtenido tanto dinero la viejita, y le dijo:

—¡Señora, me sorprende que lleve tanto dinero encima! ¿De dónde lo sacó?

La viejita contestó, muy tranquila:

—Es simple: hago apuestas.

A lo que el gerente inquirió:

—¿Apuestas? ¿Qué tipo de apuestas?

—Bueno, todo tipo de apuestas. Por ejemplo, le apuesto a usted 25 mil dólares a que sus testículos son cuadrados.

El gerente soltó una carcajada y dijo:

—¡Ésa es una apuesta absurda! Usted nunca podrá ganar una apuesta de ese tipo.

La viejecita lo desafió:

—Bueno, ya le dije que hago apuestas. ¿Está usted dispuesto a aceptar mi apuesta?

El gerente del banco le respondió:

—¡Por supuesto! Apuesto 25 mil dólares a que mis testículos no son cuadrados.

La viejecita responde:

—De acuerdo. Pero como hay mucho dinero en juego, ¿puedo venir mañana a las diez de la mañana con mi abogado para que nos sirva de testigo?

Considerando que se trataba de mucho dinero, el gerente contestó:

—¡Desde luego! La espero mañana a las diez.

Por la noche el gerente no podía dormir. Se la pasaba mirándose los testículos y comprobando que no eran cuadrados; se volvía una y otra vez frente al espejo, se los revisaba meticulosamente y por fin quedó sumamente convencido de que sus testículos no eran cuadrados y que ganaría la apuesta.

A la mañana siguiente la viejecita apareció en punto de las diez con su abogado en la oficina del gerente. Hizo las pertinentes presentaciones y repitió la apuesta.

de 25 mil dólares a que los testículos del gerente eran cuadrados.

El gerente del banco aceptó de nuevo la apuesta y la viejecita le pidió que se bajara los pantalones para que enseñase sus testículos.

El gerente se bajó los pantalones y la viejecita se acercó, miró sus testículos con detenimiento y le preguntó muy tímidamente:

—¿Se los puedo tocar?

El gerente asintió y la viejecita le empezó a palpar los testículos. En tanto, el gerente vio que el abogado de la viejecita se daba de golpes contra la pared.

Tras preguntarle a la viejecita qué le pasaba a su abogado, aquélla contestó:

—Nada, sólo que aposté con él 100 mil dólares a que hoy a las diez de la mañana tendría los testículos del gerente del banco en mis manos.

☺ Vecinas

Dos vecinas se encuentran en la calle y una le pregunta a la otra:

—Carmen, ¿estás enferma? Te lo pregunto porque esta mañana he visto salir a un médico de tu casa.

Carmen contesta:

—Mira, vieja bruja, ayer por la mañana yo vi salir de tu casa a un militar y no estamos en guerra, ¿verdad?

☺ Solución

Una señora va a tramitar su pasaporte. El funcionario en turno le pregunta:

—¿Cuántos hijos tiene, señora?

—Diez.

—¿Cómo se llaman?

—Bernardo, Bernardo, Bernardo, Bernardo, Bernardo, Bernardo, Bernardo, Bernardo, Bernardo y Bernardo.

Algo extrañado, el empleado le pregunta:

—¿Todos se llaman Bernardo? ¿Cómo le hace para llamarlos cuando, por ejemplo, están jugando en el patio?

—Muy simple; sólo grito: "¡Bernardo!" y todos entran.

—¿Y si quiere que vayan a comer?

—Igual; grito: "¡Bernardo!" y todos se sientan a comer.

Aún más extrañado, el empleado pregunta:

—Pero si quiere hablar con uno en particular, ¿cómo le hace?

—¡Ah, en ese caso lo llamo por su apellido!

De viejitos

Dos viejitos van a hacer el amor y él le pregunta a ella:
— Paquita, ¿dónde quieres que lo hagamos hoy?
Paquita responde:
—En el suelo.
—¿En el suelo? ¿Por qué?
—Para sentir algo duro.

Viudas

Se encuentran dos viudas en un cementerio. Una limpia muy felizmente la lápida de su marido y canta como loca. La otra, muy triste, llora con desesperación. Al poco rato, la desconsolada mira a la contenta y le pregunta:
—¡Ay, señora!, ¿hace cuánto tiempo que enviudó?
La otra responde muy alegremente:
—Hace seis meses.
—¿Y cómo le hace para estar tan feliz? Yo llevo tres años y no he podido superar esta pena.
—¡Ay, m'hijita, es que, después de muchos años, es la primera vez que sé dónde está y quién se lo está comiendo!

☺ Ni una copa más

Una chava cuerísimo comenta:

—Doctor, me siento mal, todo me da vueltas y además me arde el corazón.

A lo que aquél contesta:

—Mire, señorita: en primer lugar, no soy doctor; soy cantinero. En segundo, usted no está enferma; está borracha. Y en tercero, no le arde el corazón: tiene una teta en el cenicero.

☺ En un restaurante

Un tipo entra en un lujoso restaurante acompañado de una belleza de mujer. Después de sentarse, se acerca el mesero y pregunta:

—¿Qué van a comer los señores?

A lo que él responde:

—A mí tráigame faisán relleno de caviar y una botella de su mejor champaña.

—¡Excelente, señor!, ¿y a su señora?

—¡A ella mándele un fax y dígale que me la estoy pasando súper!

Lechería automática

Un ganadero viaja a la capital para asistir a una feria ganadera. En la feria se compra una ordeñadora completamente automática. Varias semanas después le llega el equipo y, como su esposa estaba de viaje, decide probarlo primero él mismo, de modo que inserta su pene en la succionadora, enciende el equipo y todo sucede de manera automática.

Pronto se dio cuenta de que el equipo le brindaba más placer que su esposa, así que, cuando la diversión terminó, le fue imposible retirar su pene del equipo.

Leyó el manual sin conseguir ninguna información que lo ayudara; movió todos los botones, e incluso apagó el equipo sin obtener ningún resultado favorable. Por lo tanto, decidió llamar a la línea de servicio de la compañía y dijo:

—¿Bueno? Mire usted: compré una ordeñadora automática con ustedes, trabaja fenomenal, pero ¿cómo puedo retirar los pezones de la vaca?

La telefonista le contesta:

—No se preocupe, la máquina los liberará automáticamente cuando recolecte cinco litros de leche.

Una chava muy bonita estaba un poco nerviosa respecto de lo que tenía que hacer si un chavo quería propasarse. Su mami le dijo:

—No te preocupes, es muy fácil. Cuando un chico se te acerque y quiera algo más, tú le preguntas: "¿Qué nombre le vamos a poner a nuestro bebé?", y eso lo va a asustar.

Con eso en mente, la chava se fue a una fiesta. Un chavo empezó a bailar con ella y poco a poco se le fue acercando más, la empezó a besar y a acariciar, a lo que ella le preguntó:

—¿Qué nombre le vamos a poner a nuestro bebé?

El chavo inventó una excusa y desapareció. Más tarde se repitió la misma escena y el chavo volvió a desaparecer.

Después otro chavo la invitó a dar un paseo y, luego de unos minutos, empezó a besarla. Ella le preguntó:

—¿Qué nombre le vamos a poner a nuestro bebé?

El chavo la seguía besando y empezó a quitarle la ropa, así que ella volvió a preguntarle:

—¿Qué nombre le vamos a poner a nuestro bebé?

Él empezó a hacerle el amor y ella volvió a preguntarle lo mismo. Cuando terminó, él se sacó el condón lleno, le hizo un par de nudos y le dijo a la chava:

—¡Si logra salir de aquí se llamará David Copperfield!

☺ "Elemental, mi querido Watson"

Sherlock Holmes y el doctor Watson se fueron a acampar para tomar un descanso. Luego de una buena comida y una botella de vino, se acostaron y se quedaron dormidos. Horas más tarde, Holmes se despertó, codeó a su fiel amigo y le dijo:

—Watson, mira al cielo y dime qué ves.

Watson contestó:

—Veo millones y millones de estrellas.

A lo que Holmes volvió a preguntar:

—¿Y eso qué te dice?

Watson pensó un minuto y dijo:

—Astronómicamente, veo que hay millones de galaxias y, potencialmente, billones de planetas. Astrológicamente, veo que Saturno está en Leo. Horológicamente, deduzco que son alrededor de las tres y diez. Teológicamente, puedo ver que Dios es todopoderoso y que somos pequeños e insignificantes. Meteorológicamente, sospecho que mañana tendremos un hermoso día… ¿Y a usted qué le dice?

Holmes calló por un momento y después habló:

—¡Watson, eres un tarugo! ¡Nos robaron la tienda de campaña!

☺ Pomadita mágica

Un viejito quería hacer el amor y convence a su esposa para que lo hagan. En el momento importante, el viejito no lograba la erección, así que, en la desesperación, le dice a su viejita que lo espere un momento y se va al baño.

En la oscuridad busca en el botiquín algo que le pueda solucionar su problema, y encuentra una pequeña caja con una pomada. Se la aplica en el pene y siente cómo la pomada le devuelve el vigor juvenil. El viejito regresa a la cama y hace el amor.

La viejita, a su vez, queda sorprendida con la potencia del viejito. Una vez terminado todo, al viejito le entra la curiosidad de saber qué era lo que se había puesto en el pene.

Se levanta, va al baño, enciende la luz y busca la caja con la pomadita mágica. En ella decía: "Pomada para los callos. Los endurece, seca, pudre y desprende."

☺ Más minucias

• Casarse es como ir a un restaurante con amigos: haces tu pedido y cuando ves lo que pidió el otro, quieres lo que él tiene.

• El hombre no está completo hasta que se casa. Después está terminado.

• Un niño le pregunta a su padre:
—Papá, ¿cuánto cuesta casarse?
El padre, después de dirigirle una mirada a su esposa, le responde:
—No sé, hijo, pero yo todavía estoy pagando.

• Otro niño le pregunta a su padre:
—Papá, ¿es verdad que en algunos países de África el hombre no conoce a su mujer hasta que está casado?
Y el padre le responde:
—Eso pasa en todos los países, hijo.

• Un hombre dijo: "Yo no conocí la verdadera felicidad hasta que me casé, y entonces ya era demasiado tarde."

• Después de un pleito, una señora le dice a su marido:
—¿Sabes?, yo era una tonta cuando me casé contigo.
Y el marido le responde:
—Sí, querida, pero yo estaba enamorado y no me di cuenta.

• Cuando un hombre te roba a tu mujer, no hay mejor venganza que dejar que se quede con ella.

• No es verdad que los hombres casados vivan más que los solteros… Sólo parece más largo el tiempo.

• Perder una esposa puede ser difícil. En mi caso, fue casi imposible.

• Un hombre se quejaba con un amigo:
—Yo lo tenía todo: dinero, una preciosa casa, un auto deportivo, el amor de una hermosa mujer, y de golpe todo se fue.
El amigo le pregunta:
—¿Y qué pasó?
—Al final se enteró mi esposa.

☺ En el cielo

Un día se mueren tres amigos en un accidente automovilístico. Los tres llegan ante San Pedro al mismo tiempo y éste les dice:
—Aquí en el cielo todos andan en vehículos, y la calidad del vehículo depende de lo buenos que hayan sido en la vida.
Señala al primer hombre y le dice:
—Tú, Juan, por haber traicionado a tu esposa con otras 20 mujeres andarás toda la eternidad en un incómodo auto compacto en mal estado, despintado y lleno de abolladuras.

Al segundo hombre le sentencia:

—Tú, Daniel, por haber traicionado a tu esposa con otras cinco mujeres andarás en un Toyota 89, en buen estado, pero con ciertas fallas.

Y al tercero le dice:

—Y tú, Miguel, por no haber traicionado nunca a tu esposa andarás en una limusina de lujo, con toda la tecnología de punta que pueda llevar un auto, chofer, teléfono celular, piscina, baño con ducha, cancha de tenis, etcétera.

Los tres hombres se van con sus respectivos autos a andar por las calles celestiales atestadas de todo tipo de transportes. Un día, después de cuatro meses, por coincidencia, los tres amigos se encuentran en un semáforo. El que llevaba la limusina lloraba amargamente. Extrañados, los otros dos le preguntan:

—¿Por qué lloras si andas en el mejor auto del cielo y vives muy cómodamente?

A lo que aquél les responde:

—Es que acabo de ver a mi esposa en una patineta.

☺ Farmacia

Entra un señor corriendo a la farmacia y le grita desesperado al encargado:

—¡Rápido, déme algo para la diarrea!

El encargado de la farmacia, que era nuevo en el negocio, se pone algo nervioso y le da unas pastillas equivocadas.

El señor se las toma y se va. Momentos después, el encargado se da cuenta de que, por error e inexperiencia, le ha dado unas pastillas para los nervios.

Horas más tarde, regresa nuevamente el señor diarreico y el boticario le dice:

—¡Mil disculpas! Fíjese que, por error, le di un medicamento para los nervios en lugar de un antidiarreico. Pero, dígame, ¿cómo se siente usted?

El señor le responde:

—Cagado, pero tranquilo.

COLECCIÓN HUMORISMO

COLECCIONES

Belleza
Negocios
Superación personal
Salud
Familia
Literatura infantil
Literatura juvenil
Ciencia para niños
Con los pelos de punta
Pequeños valientes
¡Que la fuerza te acompañe!
Juegos y acertijos
Manualidades
Cultural
Medicina alternativa
Clásicos para niños
Computación
Didáctica
New Age
Esoterismo
Historia para niños
Humorismo
Interés general
Compendios de bolsillo
Cocina
Inspiracional
Ajedrez
Pokémon
B. Traven
Disney pasatiempos

Chistes perrones
Tipografía: *Marcos González*
Negativos de portada e interiores: *Reprofoto*
Impresión de portada: *Q Graphics S.A. de C.V.*
Esta edición se imprimió en Junio de 2003.
en *Editores Impresores Fernández S.A. de C.V.*
Retorno 7-D Sur 20 No. 23 México, D.F. 08500

SU OPINIÓN CUENTA

Nombre ....

Dirección ....

Calle y número ....

Teléfono ....

Correo electrónico ....

Colonia .... Delegación ....

C.P .... Ciudad/Municipio ....

Estado .... País ....

Ocupación .... Edad ....

Lugar de compra ....

Temas de interés:

- ☐ *Negocios*
- ☐ *Superación personal*
- ☐ *Motivación*
- ☐ *New Age*
- ☐ *Esoterismo*
- ☐ *Salud*
- ☐ *Belleza*

- ☐ *Familia*
- ☐ *Psicología infantil*
- ☐ *Pareja*
- ☐ *Cocina*
- ☐ *Literatura infantil*
- ☐ *Literatura juvenil*
- ☐ *Cuento*
- ☐ *Novela*

- ☐ *Ciencia para niños*
- ☐ *Didáctica*
- ☐ *Juegos y acertijos*
- ☐ *Manualidades*
- ☐ *Humorismo*
- ☐ *Interés general*
- ☐ *Otros*

¿Cómo se enteró de la existencia del libro?

- ☐ *Punto de venta*
- ☐ *Recomendación*
- ☐ *Periódico*
- ☐ *Revista*
- ☐ *Radio*
- ☐ *Televisión*

Otros ....

Sugerencias ....

Chistes perrones

EL PORTE SERÁ PAGADO:

Selector S.A. de C.V.

Administración de correos No. 7
Código Postal 06720, México D.F.